JN075662

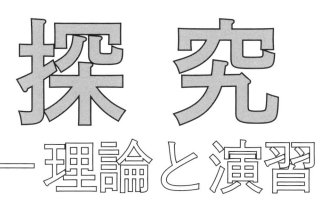

探 究
—理論と演習

田口哲男著

課題発見　仮説設定　観察　問題意識　違和感　課題発展　探究　分析・解釈　発表・表現

一藝社

はじめに

　本書はすべての教育関係者の方を対象にしたものですが、特に現場の先生（高校）、大学で教職課程を学び将来教員を目指す学生やPBL（課題解決型学習）の基礎を学んでいる学生に向けて執筆したものです。

　Volatility（変動性）、Uncertainty（不確実性）、Complexity（複雑性）、Ambiguity（曖昧性）の頭文字を並べた略語であるVUCAは、将来の予測が困難な現代の状況を表す言葉です。平成２８年の中央教育審議会答申（以下「平成28年答申」）では、将来予測が困難な時代が訪れると指摘していましたが、VUCAのことを指していたのでしょうか。現実には、VUCAに新型コロナウイルス感染症の全世界的な拡大が加わったことで社会変化に拍車がかかり、さらに予測が困難な状況になってしまいました。

　学校現場においては、新型コロナウイルスの感染症の拡大状況が刻一刻と変わる中、その感染拡大を防ぎながら学校教育活動を確実に進めていくためにそれぞれの学校がどうあるべきかという問いに対しての答えが必要ですが、それに答えられる唯一解は存在しません。そこでは、目の前の事象から解決すべき課題を見いだし、主体的に考え、また、多様な立場の者が協働的に議論し、見いだされた複数ある解のうちから、納得解や最適解を導いていくことが求められます。

　このような時代にまさに必要とされる学びが、学習者である児童生徒が主体になった「探究」であると考えます。社会の急激な変化の途中で、児童生徒が生き抜くためには、「総合的な探究（学習）の時間」において、まずは日常生活や社会に目を向けることが必要となります。さらに、そこで、自分事になるような問いを見いだし、解決の道筋がすぐには明らかにならない課題や、唯一の正解が存在しない課題などについて、児童生徒が自らの知識や技能等を総合的に働かせて、目前の具体的な課題に粘り強く対処し解決しようとすることで、それに必要な資質・能力を身に付けることができるでしょう。

　小中学校では、すでに「平成28年答申」を受けた新しい学習指導要領

での授業が始まり、高等学校においても、2022（令和4）年度の入学生から段階的に同様の授業が展開されます。

　なお、2021（令和3）年には、中央教育審議会より、「『令和の日本型学校教育』の構築を目指して〜全ての子供たちの可能性を引き出す、個別最適な学びと、協働的な学びの実現〜」が答申され、探究的な学習や体験活動等を通じ、児童生徒同士で、あるいは多様な他者と協働しながら、他者を価値ある存在として尊重し、様々な社会的な変化を乗り越え、持続可能な社会の創り手となることができるよう、必要な資質・能力を育成する「協働的な学び」の充実が求められています。

　今回の学習指導要領では、①生徒が未来社会を切り拓くための資質・能力を一層確実に育成することを目指し、その際、求められる資質・能力とは何かを社会と共有し、連携することを重視する、②知識及び技能の習得と思考力、判断力、表現力等の育成とのバランスを重視しながら知識の理解の質を更に高め確かな学力を育成する、③道徳教育の充実や体験活動を重視し体育・健康に関する指導を充実することにより、豊かな心や健やかな体を育成する、などを基本的なねらいとしています。

　特に2022（令和4）年度から高校で本格的に実施される「総合的な探究の時間」では、1998（平成10）年から始まった横断的・総合的な学習である「総合的な学習の時間」に比べると探究学習がより重視されることとなりました。このことは、よりよい学校教育を通じてよりよい社会を創ることを目標にした今回の学習指導要領において、「総合的な探究（学習）の時間」が、よりオーセンティックな学びを実現することができ、その結果として社会を生き抜くために必要な資質・能力を育てることができると考えたからではないでしょうか。

　本書は、一藝社から2019年に出版した『高校における学びと技法 ― 探究で資質・能力を育てる』の内容をベースにしながら、オーセンティックな学びである「総合的な探究（学習）の時間」の探究（的な学習）

の過程に着目し、背景やその理論、探究（的な学習）の過程（課題の設定、情報の収集、整理・分析、まとめ・表現）に沿いながらそれぞれについて演習できるようにしました。

　なお、最後に Q&A を付けることで、総合的な探究（学習）の時間を実際に行うときに課題や不安・疑問となることなどについて、解決のヒントになる考え方を示しました。

2021 年 9 月

著者　田口哲男

―目　次―

はじめに

第0章　読む力
Ⅰ　読むことの重要性……………………………………………… 12
　　Ⅰ-1　読む力 …………………………………………………… 12
　　Ⅰ-2　実社会で必要な読み方 ………………………………… 13
　　Ⅰ-3　様々な文章の読み方 …………………………………… 14
　　Ⅰ-4　文章の全体像の把握 …………………………………… 15
　　Ⅰ-5　精読 ……………………………………………………… 16
　　Ⅰ-6　要約 ……………………………………………………… 16
Ⅱ　教育改革の必要性を答申から考える………………………… 18
　　Ⅱ-1　急激に変化する時代の中で育むべき資質・能力 ……… 18
　　Ⅱ-2　社会構造の変化と日本型学校教育 …………………… 23

第1章　汎用的な能力
Ⅰ　ジェネリック・スキル………………………………………… 28
　　Ⅰ-1　ジェネリック・スキルとは ……………………………… 28
　　Ⅰ-2　リテラシーとは …………………………………………… 29
　　Ⅰ-3　コンピテンシーとは ……………………………………… 31
Ⅱ　資質・能力……………………………………………………… 35
　　Ⅱ-1　資質・能力とは …………………………………………… 35
　　Ⅱ-2　「キー・コンピテンシー」の概念（OECD） …………… 36
　　Ⅱ-3　21世紀型能力（国立教育政策研究所）………………… 38
　　Ⅱ-4　より重視される「育成を目指す資質・能力」の育成 …… 39

第2章　教育目標
Ⅰ　カリキュラム・マネジメント………………………………… 44
Ⅱ　スクール・ポリシー…………………………………………… 48
Ⅲ　各学校の教育目標と教育課程の編成………………………… 50

Ⅲ-1 　各学校の教育目標の設定 ………………………………… 50

Ⅲ-2 　学校の教育目標の質をチェック ……………………… 51

Ⅲ-3 　教育課程の編成 ………………………………………… 53

Ⅳ　教育目標を実際に設定する（例）……………………………… 55

Ⅳ-1 　ブレインストーミングについて ……………………… 55

Ⅳ-2 　KJ法について ………………………………………… 57

Ⅳ-3 　他のグループワークをするときの手法について ……… 60

第3章　探究（問題解決型学習、課題解決型学習、Project Based Learning）

Ⅰ　探究とは…………………………………………………………… 66

Ⅱ　問題解決型学習（PBL）………………………………………… 67

Ⅲ　探究・調べ学習・研究…………………………………………… 68

Ⅳ　総合的な探究の時間と総合的な学習の時間の対比…………… 70

Ⅴ　小中学校との接続………………………………………………… 71

Ⅵ　探究をより洗練された質の高いものにする…………………… 73

Ⅶ　オーセンティックな学び（真正の学習）を教科横断の視点で実践 … 74

第4章　問を見いだし、課題を設定する

Ⅰ　問題と課題の違いを整理する…………………………………… 80

Ⅰ-1 　問題とは ………………………………………………… 80

Ⅰ-2 　問題と課題の違い ……………………………………… 81

Ⅰ-3 　問題を見出す方法　（例）[As is/To be] ……………… 83

Ⅰ-4 　思考を広げる方法

（例）6W2H 、オズボーンのチェックリスト………………84

Ⅰ-5 　問題と課題を一緒に整理する方法　（例）課題設定シート ……88

Ⅰ-6 　設定された課題の質を検討する方法　（例）SMART …………90

Ⅱ　課題設定では学習者が自分で課題発見する………………… 92

第5章　情報収集

Ⅰ　整理と分析について……………………………………………… 98

　　Ⅰ-1　　情報収集について　………………………………… 98

Ⅱ　情報源について…………………………………………………… 100

　　Ⅱ-1　　情報源の特性を知る　……………………………… 100

　　Ⅱ-2　　情報を批判的に考える　…………………………… 102

Ⅲ　情報収集の方法とその整理・保存……………………………… 103

　　Ⅲ-1　　収集する情報の種類と活用法　…………………… 103

　　Ⅲ-2　　情報の整理・保存　………………………………… 104

Ⅳ　学習指導要領における情報収集………………………………… 107

Ⅴ　情報収集の主な方法……………………………………………… 110

　　Ⅴ-1　　文献で言葉の意味や過去の事例を調べる　……… 111

　　Ⅴ-2　　自ら調査する　……………………………………… 114

　　Ⅴ-3　　観察・実験・調査　………………………………… 126

第6章　整理・分析

Ⅰ　整理・分析について……………………………………………… 132

Ⅱ　整理・分析を行うときの留意事項……………………………… 132

　　Ⅱ-1　　学習者自身が情報を吟味する　…………………… 132

　　Ⅱ-2　　情報の整理や分析を行う方法の決定　…………… 133

　　Ⅱ-3　　情報の整理・分析を意識的に行う　……………… 134

Ⅲ　「考えるための技法」の活用 …………………………………… 134

　　Ⅲ-1　　「考えるための技法」とは　………………………… 134

　　Ⅲ-2　　「考えるための技法」の意義　……………………… 135

　　Ⅲ-3　　「考えるための技法」の例　………………………… 136

　　Ⅲ-4　　「考えるための技法」で思考を可視化して使うことの意義 … 138

Ⅳ　「考えるための技法」で整理・分析するときのフレームワーク（例）… 139

　　Ⅳ-1　　問題点を整理する（例）ロジックツリー………………………… 139

Ⅳ-2　強みと弱みを把握する（例）SWOT 分析 ……………141

Ⅳ-3　課題の優先度を可視化しマッピング

（例）緊急度／重要度マトリクス ……………………………143

Ⅳ-4　自分で変えられるものを知る（例）コントロール可能／不可能 …144

第7章　まとめ・表現

Ⅰ　まとめ・表現について……………………………………… 148

Ⅰ-1　まとめ・表現とは …………………………………148

Ⅰ-2　「まとめ・表現」の過程で学習者や教師が配慮したいこと …149

Ⅱ　まとめ・表現の実践例………………………………………… 151

Ⅱ-1　論文の書き方 …………………………………… 151

Ⅲ　プレゼンテーション…………………………………………… 159

Ⅲ-1　プレゼンテーションとは …………………………………159

Ⅲ-2　プレゼンテーションの種類と目的 …………………160

Ⅲ-3　プレゼンテーションの要素 …………………………161

Ⅲ-4　アウトラインについて ……………………………162

Ⅲ-5　スライドについて ……………………………………165

Ⅲ-6　スライドのアジェンダ（目次）について ………………166

Ⅲ-7　スピーチで自分を印象づける ……………………168

Ⅲ-8　スピーチ力を鍛える〈演習〉…………………………170

Ⅲ-9　ポスター発表 ……………………………………172

探究 Q&A …………………………………………………… 177

著者紹介 ……………………………………………………186

第0章

読む力

Ⅰ 読むことの重要性 (1)

Ⅰ-1 読む力

　「読むこと」というと小説などの文学的文章が書かれた本（書籍）を読む、いわゆる読書のことをイメージするかもしれませんが、読書だけが読むことではありません。文字によって書かれた情報は必ずしも本（書籍）だけとは限らないからです。例えば、新聞や雑誌の記事も文字情報です。さらに、インターネットの情報やメールの内容も立派な文字情報になります。

　こうした様々な情報は内容の違いや分量の差はありますが、文字を使って何らかのメッセージを読むものに伝えようとしている点では同じです。このような情報を読み、その中からメッセージを読み取る行為は、すべて「読むこと」といえるのです。さらにいえば、メッセージを伝える媒体は文字だけとは限りません。例えば図表は、文字とは別の方法で、何らかのメッセージを伝えようとしていますから、その情報を読み解くこともまた、一種の「読むこと」といえます。

　このように考えると私たちは何らかの情報に触れる際には、そこからメッセージを読み取る作業を行っていることがわかります。このときに必要な能力が読む力です。読む力は私たちの生活においてもなくてはならない能力なのです。

　文部科学省では、1989（平成17）年にPISA（Programme for International Student Assesment/読解力分野）の結果を受けて、その結果分析と改善の方向の中で、**読解力について、「自らの目標を達成し、自らの知識と可能性を発達させ、効果的に社会に参加するために、書かれたテキストを理解し、利用し、熟考する能力」**と定義を

しました。そのねらいとして、**文章のような「連続型テキスト」及び図表のような「非連続型テキスト」**を幅広く読み、これらを広く学校内外の様々な状況に関連付けて、組み立て、展開し、意味を理解することとしています。

この読解力の特徴として、以下の点を挙げています[(2)]。

- テキストに書かれた情報を理解するだけでなく、「解釈」し、「熟考」することを含んでいる
- テキストを単に読むだけでなく、テキストを利用したり、テキストに基づいて自分の意見を論じたりすることが求められている。テキストの内容だけでなく、構造・形式や表現法も、評価すべき対象となる
- テキストには、文学的文章や説明的文章などの「連続型テキスト」だけでなく、図、グラフ、表などの「非連続型テキスト」を含んでいる

I-2 実社会で必要な読み方

探究で文献を調べるときに必要な読み方は、実社会で必要な読み方とはあまり関係がないように見えるかもしれませんが、そうではありません。確かに読むものの内容は異なりますが、内容がどのようなものであれ、基本的な読み方は共通の部分も多いです。探究で文献を調べるとき必要になる読み方は、実社会や日常生活における様々な読み方をそのまま応用できます。

さらにまた、実社会においても、学問的に高度な内容はないとしても、論理的な構造を持った文章を読む機会はたくさんあります。そのような機会は、ますます増えていくことでしょう。こうした場面にお

いて、探究の学びで培った読み方のスキルが大いに役立ってくれるはずです。

　探究では、クリティカル（批判的）に文章を読むことが重視されるので、様々な角度から理解を深めることができ、情報に対してクリティカルな視点を持つことができるようになります。この視点が、実社会で様々なものを読み解くときに大きな力になるはずです。

Ⅰ‐3 様々な文章の読み方

　文章の読み方について様々な方法があります。これらの方法をしっかりと理解し、目的に応じた使い分けをすれば、より効率的に情報収集を進めることができます。

　文献の一般的な読み方として2つのタイプがあります。

　① エクステンシブ・リーディング

　② インテンシブ・リーディング

　エクステンシブ（extensive）とは「広範囲な」という意味です。文章の細部にこだわらず、内容全体を手早く把握するように心がける読み方をエクステンシブ・リーディングといいます。

　この読み方で、テーマに関係する文献を、できるだけ幅広く、たくさん集めて、大雑把に内容を把握していきます。その際、あまり細部にこだわらず、内容全体を手厚く素早く把握することが重要です。そして、できるだけたくさんの関連文献に目を通していくのです。レポート作成や発表の際の調査においてこの読み方は効果的です。また、エクステンシブ・リーディングでは幅広く情報を集めるために二つの方法があります。一つは「スキミング（飛ばし読み）」です。これは文献全体にざっと目を通し、その文献の内容を大雑把につかむ方法です。もう一つは「スキャニング（検索読み）」です。特定の情報に狙いを絞っ

て、文献を検索していく方法です。目的に応じて、この二つの方法を使い分けることで、効率的に調査することができます。

　インテンティブ（intensive）とは「集中的な」という意味です。読む本を厳選して内容を細かくチェックしながら時間をかけて理解していく読み方をインセンティブ・リーディングといいます。

　この読み方は、読むべき文献を精選し、内容を細かく分析しながら、時間をかけて丹念に読んでいく方法です。この方法は、まずエクステンシブ・リーディングによって読む必要のある文献を絞り込んでから行うと効果的です。エクステンシブ・リーディングにより、文献の大意はすでに把握していますから、その情報をもとに、本当に必要な部分に焦点を絞って、丹念に内容を読んでいきます。なお、読むべき文献があらかじめ与えられている場合でも、事前にスキミングを行い、大意を把握したうえで、インテンシブ・リーディングに入るとよいでしょう。

Ⅰ-4 文章の全体像の把握

　読解というと、文章の内容を詳しく丹念に読んでいくこと（インテンシブ・リーディング）と思いがちですが、必ずしもそうではありません。むしろ、文章を最初から丹念に読んでいく作業の前に、その文章で書かれている内容の全体像を大雑把につかみ（エクステンシブ・リーディング）、ポイントを押さえてから、読むべき部分を選択し、詳しく読んでいくことによって、より効率的に読んでいくことができますし、内容の理解も向上するでしょう。

Ⅰ-5 精読

　文献の内容をより正確に把握していくインテンシブ・リーディング
では、文章の一つ一つを丹念に読んでいくことが基本になりますが、
すべての部分をまったく同じように読んでいけばよいというものでは
ありません。文章全体の中には、必ずしも精読しなくてもよい、重要
でない部分が含まれているからです。重要でない部分を丹念に読んで
もあまり意味はありません。インテンシブ・リーディングを行う際に
は、どの部分を丹念に読んでいくかの選別がとても大切です。この選
別をエクステンシブ・リーディングの中で行いますから、精読前の準
備作業は非常に大切です。

　以下のことに留意しながら精読するとよいでしょう。

① 重要だと思った部分をマークする（マークしすぎない）

② 疑問に感じた部分をチェックする（可能であればその場で調べる）

③ 余白の部分をメモするために活用する（余白に補足情報を加える）

④ わからない言葉の意味（意味が分かったら余白に記載しておく）

Ⅰ-6 要約

　要約とは文章の重要な部分を効率的に抜き出して短くまとめたもの
です。では、文章の重要な部分とはどのようなものでしょうか。大切
なのは、その文章で書き手が最も伝えたいメッセージの内容です。そ
れは書き手の主張や意見である場合もあれば、また、何らかの事実や
情報である場合もあります。しかし、いずれにせよ、書き手は何らか
のメッセージを伝えようとしているのですから、その内容を的確に把
握し、短くまとめることが何よりも大切なことになります。

　さらに、書き手は、そのメッセージを裏付ける様々な理由（根拠、データ）を提示します。こうした要素もまた、文章のエッセンスであるといえます。他方、こうしたもの以外の要素の重要度はあまり高くありません。例えば、前置を述べたり、議論の中で出てくる事柄について詳しく解説したり、具体例を挙げたりしているような部分です。こうした部分を省略し、書き手が本当に伝えたいエッセンスだけを抜き出したものが、要約です。

　文章をうまく要約するためには、その内容に対する理解が十分でなければなりません。要約の訓練をして、そのスキルを上達させるとそれに伴って読解力のスキルも上達します。

　以下の手順にしたがって文章を要約していくと、効率的に的確な要約を作成することができます。

（1）　文章の構造をつかむ

　まず文章の構造をつかみます。文章の構造分析の方法に従って時間を十分にかけながら、丹念に行なってください。

（2）重要な部分を抜き出す

　文章の構造をつかんだら、どの部分が重要なのかをよく考えてみましょう。そして、あまり重要でないと思われる部分があれば、思い切って切り捨てます。

(3) 文章を整える

　文章を抜き出して、そのままつなぎ合わせるだけでは、よい要約はできません。無駄な部分を省いたり、簡略にできる部分を書き直しながら、文章を書き換えていきます。その際、全体の構造をわかりやすくするように工夫していくことが大切です。

Ⅱ 教育改革の必要性を答申から考える

　以下の中央教育審議会「『令和の日本型学校教育』の構築を目指して～全ての子供たちの可能性を引き出す、個別最適な学びと、協働的な学びの実現～（答申）」（令和3年1月26日）の1と2を読んで、それぞれの内容を要約してください。

Ⅱ-1 急激に変化する時代の中で育むべき資質・能力 [3]

　人工知能（AI）、ビッグデータ、Internet of Things（IoT）、ロボティクス等の先端技術が高度化してあらゆる産業や社会生活に取り入れられたSociety5.0時代が到来しつつあり、社会の在り方そのものがこれまでとは「非連続」と言えるほど劇的に変わる状況が生じつつある。

　学習指導要領の改訂に関する「幼稚園、小学校、中学校、高等学校及び特別支援学校の学習指導要領等の改善及び必要な方策等について（答申）」（平成28（2016）年12月21日中央教育審議会。以下「平成28年答申」という）においても、社会の変化が加速度を増し、複

雑で予測困難となってきていることが指摘されたが、新型コロナウイルスの世界的な感染拡大により、その指摘が現実のものとなっている。

　このように急激に変化する時代の中で、我が国の学校教育には、一人一人の児童生徒が、自分のよさや可能性を認識するとともに、あらゆる他者を価値のある存在として尊重し、多様な人々と協働しながら様々な社会的変化を乗り越え、豊かな人生を切り拓き、持続可能な社会の創り手となることができるよう、その資質・能力を育成することが求められている。

　この資質・能力とは、具体的にはどのようなものであろうか。中教審では、平成 28 年答申において、社会の変化にいかに対処していくかという受け身の観点に立つのであれば難しい時代になる可能性を指摘した上で、変化を前向きに受け止め、社会や人生、生活を、人間ならではの感性を働かせてより豊かなものにする必要性等を指摘した。とりわけ、その審議の際に AI の専門家も交えて議論を行った結果、次代を切り拓く子供たちに求められる資質・能力としては、文章の意味を正確に理解する読解力、教科等固有の見方・考え方を働かせて自分の頭で考えて表現する力、対話や協働を通じて知識やアイディアを共有し新しい解や納得解を生み出す力などが挙げられた。

　また、豊かな情操や規範意識、自他の生命の尊重、自己肯定感・自己有用感、他者への思いやり、対面でのコミュニケーションを通じて人間関係を築く力、困難を乗り越え、ものごとを成し遂げる力、公共の精神の育成等を図るとともに、子供の頃から各教育段階に応じて体力の向上、健康の確保を図ることなどは、どのような時代であっても変わらず重要である。

　国際的な動向を見ると、国際連合が平成 27（2015）年に設定した持続可能な開発目標（SDGs/Sustainable Development Goals）などを踏まえ、自然環境や資源の有限性、貧困、イノベーションなど、

地域や地球規模の諸課題について、子供一人一人が自らの課題として考え、持続可能な社会づくりにつなげていく力を育むことが求められている。また、経済協力開発機構（OECD）では子供たちが 2030 年以降も活躍するために必要な資質・能力について検討を行い、令和元（2019）年 5 月に "Learning Compass 2030" を発表しているが、この中で子供たちがウェルビーイング（Well-being）を実現していくために自ら主体的に目標を設定し、振り返りながら、責任ある行動がとれる力を身に付けることの重要性が指摘されている。

　これらの資質・能力を育むためには、新学習指導要領の着実な実施が重要である。このことを前提とし、今後の社会状況の変化を見据え、初等中等教育の現状及び課題を踏まえながら新しい時代の学校教育の在り方について中央教育審議会において審議を重ねている最中に、世界は新型コロナウイルスの感染拡大という危機的な事態に直面した。感染状況がどうなるのかという予測が極めて困難な中、学校教育を含む社会経済活動の在り方をどうすべきか、私たちはどう行動するべきか、確信を持った答えを誰も見いだせない状況が我が国のみならず世界中で続いている。

　新型コロナウイルスの感染拡大に伴う甚大な影響は、私たちの生命や生活のみならず、社会、経済、私たちの行動・意識・価値観にまで多方面に波及しつつある。この影響は広範で長期にわたるため、感染収束後の「ポストコロナ」の世界は、新たな世界、いわゆる「ニューノーマル」に移行していくことが求められる。

　「予測困難な時代」であり、新型コロナウイルスの世界同時多発的パンデミックにより一層先行きが不透明となる中、私たち一人一人、そして社会全体が、答えのない問いにどう立ち向かうのかが問われている。目の前の事象から解決すべき課題を見いだし、主体的に考え、多様な立場の者が協働的に議論し、納得解を生み出すことなど、正に

新学習指導要領で育成を目指す資質・能力が一層強く求められていると言えよう。

　また、新型コロナウイルスの感染拡大は、例えばテレワーク、遠隔診療のように、世の中全体のデジタル化、オンライン化を大きく促進している。学校教育もその例外ではなく、学びを保障する手段としての遠隔・オンライン教育に大きな注目が集まっている。ビッグデータの活用等を含め、社会全体のデジタルトランスフォーメーション加速の必要性が叫ばれる中、これからの学校教育を支える基盤的なツールとして、ICT（Information and Communication Technology）はもはや必要不可欠なものであることを前提として、学校教育の在り方を検討していくことが必要である。

　「持続可能な開発目標（SDGs）」とは、2015（平成27）年９月の国連サミットで採択された「持続可能な開発のための 2030 アジェンダ」に記載されている 2030 年を期限とする開発目標のこと。

　OECD は「PISA2015 年調査国際結果報告書」において、**ウェルビーイング（Well-being）**を「生徒が幸福で充実した人生を送るために必要な、心理的、認知的、社会的、身体的な働き（functioning）と潜在能力（capabilities）である」と定義している。

　「遠隔・オンライン教育」とは、遠隔通信システムを用いて、同時双方向で学校同士をつないだ合同授業の実施や、専門家等の活用などを行うことを指す。また、授業の一部や家庭学習等において学びをより効果的にする動画等の素材を活用することを指す（文部科学省「新時代の学びを支える先端技術活用推進方策（最終まとめ）」（令和元（2019）年６月））。

要約を書いてみよう

Ⅱ-2 社会構造の変化と日本型学校教育 [(4)]

　高度経済成長期以降、義務教育に加えて、高等学校教育や高等教育も拡大し大衆化する中で、一定水準の学歴のみならず、「より高く、より良く、より早く」といった教育の質への私的・社会的要求が高まるようになった。このような中で、学校外にも広がる保護者の教育熱に応える民間サービスが拡大するとともに、経済格差や教育機会の差を背景に持った学力差が顕在化した。経済至上主義的価値観の拡大の中で学校をサービス機関としてみる見方も強まっているという指摘もある。

　我が国の教師は、子供たちの主体的な学びや、学級やグループの中での協働的な学びを展開することによって、自立した個人の育成に尽力してきた。その一方で、我が国の経済発展を支えるために、「みんなと同じことができる」「言われたことを言われたとおりにできる」上質で均質な労働者の育成が高度経済成長期までの社会の要請として学校教育に求められてきた中で、「正解（知識）の暗記」の比重が大きくなり、「自ら課題を見つけ、それを解決する力」を育成するため、他者と協働し、自ら考え抜く学びが十分なされていないのではないかという指摘もある。

　学習指導要領ではこれまで、「個人差に留意して指導し、それぞれの児童（生徒）の個性や能力をできるだけ伸ばすようにすること」（昭和33（1958）年学習指導要領）、「個性を生かす教育の充実」（平成元（1989）年学習指導要領）等の規定がなされてきた。

　その一方で、学校では「みんなで同じことを、同じように」を過度に要求する面が見られ、学校生活においても「同調圧力」を感じる子供が増えていったという指摘もある。社会の多様化が進み、画一的・同調主義的な学校文化が顕在化しやすくなった面もあるが、このこと

が結果としていじめなどの問題や生きづらさをもたらし、非合理的な精神論や努力主義、詰め込み教育等との間で負の循環が生じかねないということや、保護者や教師も同調圧力の下にあるという指摘もある。また、核家族化、共働き家庭やひとり親家庭の増加など、家庭をめぐる環境が変化するとともに、都市化や過疎化等により地域の社会関係資本が失われ家庭や地域の教育力が低下する中で、本来であれば家庭や地域でなすべきことまでが学校に委ねられるようになり、結果として学校及び教師が担うべき業務の範囲が拡大され、その負担を増大させてきた。

要約を書いてみよう

（空白の罫線欄）

【引用・参考文献】

(1)　中澤務ほか. 知のナヴィゲーター. くろしお出版 ,2007. p 99-104. 参照
(2)　文部科学省 .「平成 16 年度臨時全国都道府県・指定都市教育委員会指導主事会議」配布資料 4
　　　‐ 6　PISA（読解力）の結果分析と改善の方向（要旨）平成１７年１月１９日 .1989. 参照
(3)　中央教育審議会 .「令和の日本型学校教育」の構築を目指して～全ての子供たちの可能性を引き
　　　出す、個別最適な学びと、協働的な学びの実現～（答申）.2021.p.3-5. 参照
(4)　中央教育審議会 .「令和の日本型学校教育」の構築を目指して～全ての子供たちの可能性を引き
　　　出す、個別最適な学びと、協働的な学びの実現～（答申）.2021.p.8. 参照

第 1 章

汎用的な能力

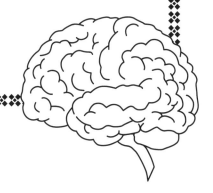

Ⅰ ジェネリック・スキル

Ⅰ-1 ジェネリック・スキルとは

　ジェネリック・スキルの「ジェネリック」とは、「一般的な」「汎用的な」という意味で、社会でどんな仕事に就いても必要な力である汎用的な能力を指しています。

　汎用的な能力は、ジェネリック・スキル以外にも様々な言い方をされています。例えば、「資質・能力」「生きる力」「人間力」「社会人基礎力」「学士力」「２１世紀型能力」などです。このような力は、一貫した学校教育の中で育成することが求められるようになってきました。

　このジェネリック・スキルは「特定の専門分野に関係なく、全ての人に求められる能力であり、コミュニケーションスキルや論理的思考力といった『汎用的な技能』の他、チームワークやリーダシップ、倫理観などを含む『態度・志向性』、『統合的な学修経験と想像的思考力』などを含んだ能力」ともいわれています[1]。

　川嶋（2011）は「知識基盤社会においては、知識の多寡ではなく、学んだ知識を活用して、新たな価値を生み出す能力が必要とされます。そして知識基盤社会の中核を担うことを期待される大卒人材には、知識を活用するために必要な創造的思考力、問題解決力、分析力といった能力に加え、協働する力やリーダシップが求められる」としています[2]。

　グローバル化や技術革新などにより、複雑で変化の激しい不確実性の時代（VUCA）に突入したといわれましたが、新型コロナウイルスの世界全体への同時期の直撃により、予想もしない影響を受けたことで VUCA の時代が加速しただけでなく、私たちは根本的な価値観や

行動様式を一変せざるを得なくなりました。

　このように急激に変化する時代を生き抜くために、汎用的な能力が求められているのです。

Ⅰ-2 リテラシーとは

　リテラシーとは、もともと読み書き能力を意味する言葉です。リテラシーについて、樋口（2021）は「書字文化が普及していくなかで、文字を媒介とした意思疎通ができるかどうかを意味する言葉として用いられるようになった。」としています [3]。そして、2000 年に OECD（経済協力開発機構）が国際比較調査 PISA のなかでリテラシーという概念を用いたことでリテラシーという言葉が注目を浴びるようになりました。PISA では、学んだことを社会生活の中で生かすことができるかどうかを調査していることから、リテラシーといえば「活用力」「応用力」を意味する、という解釈が広まりました。

　河合塾/リアセックでは、リテラシーを「知識や情報を用いて、問題を発見し、それを解決するときに必要な力」「新しい問題や経験のない問題に対して、知識を活用して問題を解決する能力」としています [4]。

　総合的な探究の時間で育まれる「思考力・判断力・表現力等」について、「問題を発見し、その問題を定義し、解決の方向性を決定し、解決方法を探して計画を立て、結果を予測しながら実行し、プロセスを振り返って次の問題発見・解決につなげていくこと（問題発見・解決）や、他者と情報を共有しながら、対話や議論を通じて互いの多様な考え方の共通点や相違点を理解し、相手の考えに共感したり多様な考えを統合して、協力しながら問題を解決していくこと（協働的問題解決）のために必要な力」と定義していますから、河合塾/リアセックでいうところのリテラシーは、「思考力・判断力・表現力等」にあたるも

のと考えることができます。

　総合的な探究の時間における探究の過程で使われる知識・技能については、総合的な探究の時間の目標においては以下のように書かれています[(5)]。

> 1）探究の過程において、課題の発見と解決に必要な知識及び技能を身に付け、課題に関わる概念を形成し、探究の意義や価値を理解するようにする。
>
> 高等学校学習指導要領 第4章 総合的な探究の時間

　総合的な探究の時間における探究の過程で必要となる技能については、高等学校学習指導要領では、各教科・科目等で、あるいは小中学校の総合的な学習の時間の学習を通してある程度は身に付けていることを前提としていますが、現実的には、探究の過程において必要となる技能が不十分な学習者も多く見受けられます。

　したがって、それぞれの過程（課題の設定、情報の収集、整理・分析、まとめ・表現）を事前に取り出し、例えば演習などを行うことを通して、知識・技能を身に付けておくことも一つの方法としてあります。

　ただ、最初の段階でつたない技能であったとしても、探究を進める途中で高度な技能が求められ、必要感を持つうちに、注意深く経験を積んで、徐々に自らの力で探究の過程を回すことができるようになることで身体化されていくと考えられています。技能と技能が関連付けられて構造化され、統合的に活用されるようにもなるはずです。

　一方、探究の過程で必要となる技能がほとんど身に付いていない場合は、解決に至ることは難しいです。ただ、学習者が課題を解決するために教師の支援の下、その探究の過程を行ったり戻ったりすることを何度も繰り返すことにより、徐々に「思考力・判断力・表現力等」を育てたり、あるいはリテラシーを高度化させることができます。

　高等学校学習指導要領総合的な探究の時間の解説編では「探究的な

学習を実現するため、『①課題の設定→②情報の収集→③整理・分析→④まとめ・表現の探究のプロセスを明示し、学習活動を発展的に繰り返していくこと』を重視してきました。」とあり、問題解決的な学習が発展的に繰り返されていくことを探究と呼んでいます。

　また、河合塾 / リアセックでは、問題解決のプロセスに必要な力として、問題解決するために必要な情報を集める「情報収集力」、集めた情報を分析する「情報分析力」、分析した情報のなかから解決すべき課題を見つけ出す「課題発見力」、解決策を考える「構想力」、構想した解決策を他者に伝える「表現力」、解決策を実行し最後までやり遂げる「実行力」の６つの力をあげ、課題を解決のプロセスにおいて必要な力としています[(6)]。

　リテラシーや「思考力・判断力・表現力等」は未知の状況にも対応できる資質・能力であり、複雑で変化の激しい不確実性の時代（VUCA）において最も求められている資質・能力となります。

Ⅰ - 3 コンピテンシーとは

　コンピテンシーについて、文部科学省「用語解説」では「知識や技能（スキル）そのものではなく、それらを駆使して業務上の課題を遂行・解決する能力に着目した概念。近年、企業における能力評価の道具として開発されたが，教育や臨床心理学などの分野において広く使用されるようになった。新たな概念で定義は一律でなく、アメリカでは高業績をあげる人の行動特性として、イギリスでは標準的な業務遂行能力として使われることが多い（イギリスの場合は「コンピテンス」と称することが一般的）。わが国では、これまでの職能資格制度が評価基準としてきた潜在能力に対立する能力観として、成果主義とともに導入された経緯から「顕在能力」という意味合いが強い」とあります[(7)]。

コンピテンシーの捉え方の一つに、行動特性ともいわれるものがあり、高い業績をコンスタントに示している人（ハイパフォーマー）が特徴的に持っている行動・思考・態度などの行動パターンのことを指します。米国のマクレランド（1973）は、同じ学歴・知能レベルの外交官の業績の差の原因を研究し、人間の根源的特性を含む広い概念として発表しました。その後ボヤティズ（1982）によって「組織の置かれた環境と職務上の要請を埋め合わせる行動に結びつく個人特性としてのキャパシティ、あるいは、強く要請された結果をもたらすもの」として再定義されました。

　例えば「知識をたくさん持ち、いわゆる頭のいい人」が必ずしも「高い業績を上げている人」ではないことは一般によくいわれていることです。それでは「高い業績を上げる人」をどのようにして発見したり育成したりするのか、を考えたとき、「高い業績を上げる人」がどのような行動・思考・態度をとる傾向にあるのかをあらかじめ捉えて、その行動パターンをコンピテンシー・モデルとして明らかにすることです。そして、その高い業績をあげる行動特性がコンピテンシーにな

【図1-Ⅰ-1】コンピテンシーと業績との関係

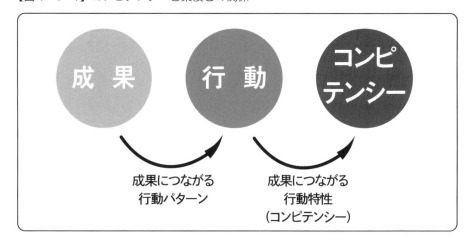

ります。

　自身がコンピテンシー・モデルに近づくことで、高い業績をあげる可能性が高くなります。そのために、以下のようなことが考えられます。

　① コンピテンシー・モデルにならった行動を取れるように目標を設定し、その行動を心がける

　② コンピテンシー・モデルの行動の基礎となる能力を分析して身に付ける

　③ ②を基盤に、柔軟な行動を生み出す発想や判断力を向上させる

　なお、河合塾／リアセックでは、変化する環境や人間関係に適切に対応するには、人を理解し、課題の本質を理解し、自分を理解する必要があるとして、コンピテンシーを支える力として「①対人基礎力」「②対課題基礎力」「③対自己基礎力」の三つを挙げています。更に「①対人基礎力」としては「親和力」「協働力」「統率力」、「②対課題基礎力」としては「感情制御力」「自信創出力」「行動持続力」、「③対自己基礎力」としては「課題発見力」「計画立案力」「実践力」を挙げ、それぞれの能力要素について定義づけをしています。次頁の図は、それをまとめたものになります[(8)]。

　コンピテンシーは、現在、世界各国において、今日的に育成すべき人材像をめぐって、「断片化された知識や技能ではなく、人間の全体的な能力」として定義されるようになりました。なお、日本（文部科学省）では、コンピテンシーを資質・能力と捉えて使っています。

【図1-Ⅰ-2】コンピテンシーを支える三つの能力と九つの能力要素

①対人基礎力	②対自己基礎力	③対課題基礎力
親和力 人に対して、興味をもって相手の話を聞き、相手の立場や気持ちを思いやったり、共感し受けとめる、また多様な価値観を受け入れる。さらにそうした関わりから、相手と信頼関係を築いたり、人脈を広げていく力	**感情制御力** 自分の感情や気持ちを認識して客観的に言動をコントロールしたり、ストレスをうまく処理することができる。また、プレッシャーを感じる場面でも、感情をコントロールして力を発揮する力	**課題発見力** 適切な方法で情報を収集し、事実に基づいて客観的に分析、本質的な問題を見極める。さらに、様々な角度から課題を分析し、原因を明らかにする力
協働力 周囲や集団において自分の役割を理解した上で互いに連携・協力し、助けあったり、情報を共有して一緒に物事を進めていく。さらに、他者の相談に乗るなど働きかけ、動機づけする力	**自信創出力** 自己の強み弱みを認識した上で、自分に自信をもって物事に取り組むことができる。また、常に学ぶ姿勢をもち、経験の機会をうまくとらえて挑戦していく力	**計画立案力** 明確な目標を立て、その実現に向けて効果的な計画を立てる。また、立てた計画に対して目標の実現や課題解決に向けての見通しを立てたり、どんな問題が起こり得るかのリスクを想定して事前に対策を講じる力
統率力 集団の中で、自分の意見を主張すると同時に、議論の活発化や発展のために集団に働きかける。また、必要に応じて、意見の調整、交渉、説得し、集団を合意に導く力	**行動持続力** 主体的に行動し、物事には最後まで粘り強く取り組むことができる。また、良い行動を習慣化する力	**実践力** 計画をすすんで実行し、状況に応じて柔軟に行動を修正する。また、行動を振り返って検証し、次の行動の改善に結びつける力

Ⅱ 資質・能力

Ⅱ-1 資質・能力とは

　「資質」や「能力」については、教育基本法第1条では、教育の目的として、「教育は、人格の完成を目指し、平和で民主的な国家及び社会の形成者として必要な資質を備えた心身ともに健康な国民の育成を期して行われなければならない」とされています。また、高等学校学習指導要領（平成21年告示）第4章総合的な学習の時間の目標には、「自ら課題を見付け、自ら学び、自ら考え、主体的に判断し、よりよく問題を解決する資質や能力を育成する」こととされています。つまり、これまでの教育関係の法規では、「資質」は「能力」を含んでいたり、含んでいなかったりしています。したがって、文部科学省ではこれらを踏まえて以下のように「資質」「能力」を整理しました[9]。

> 　「資質」とは、「能力や態度、性質などを総称するものであり、教育は、先天的な資質を更に向上させることと、一定の資質を後天的に身につけさせるという両方の観点をもつものである」とされており、「資質」は「能力」を含む広い概念として捉えられている。
>
> 　これらも踏まえ、「資質」と「能力」の相違に留意しつつも、行政用語として便宜上「資質・能力」として一体的に捉えた上で、これからの時代を生きる個人に求められる資質・能力の全体像やその構造の大枠を明らかにすることを目指すこととした。

Ⅱ-2 「キー・コンピテンシー」の概念（OECD）

　キー・コンピテンシーとは、OECD が 1999 ～ 2002 年にかけて行った「コンピテンシーの定義と選択」（DeSeCo）プロジェクトの成果で、多数の加盟国が参加して国際的合意を得た新たな能力概念です。

　前述したとおり、20 世紀末頃より、職業社会では、コンピテンシーという能力概念が普及し始めました。グローバル化と近代化により、多様化し、相互につながった世界において、人生の成功と正常に機能する社会のために必要な能力として定義され、OECD の「生徒の学習到達度調査」（PISA）にも取り入れられ、世界の国々の教育政策の方向づけに大きな影響を与えています。

　文部科学省「用語解説」[(10)] では「key competencies（主要能力）。教育の成果と影響に関する情報への関心が高まる中で 1990 年代後半にスタートし、2003 年に最終報告された OECD のプログラム『コンピテンシーの定義と選択』に規定されており、PISA 調査の概念枠組みの基本となっている。単なる知識や技能だけではなく、技能や態度を含む様々な心理的・社会的なリソースを活用して、特定の文脈の中で複雑な要求（課題）に対応することができる力であるコンピテンシー（能力）の中で、特に次の①～③の性質を持つとして選択されたもの。①人生の成功や社会の発展にとって有益、②さまざまな文脈の中でも重要な要求（課題）に対応するために必要、③特定の専門家ではなくすべての個人にとって重要」とあり、キー・コンピテンシーは、①～③の条件に当てはまる汎用的能力を指していることがわかります。ここで、①の人生の成功や社会の発展にとって有益であること、あるいは③のすべての個人にとって必要な能力であるところが、「業務上の課題を遂行・解決する能力に着目した概念」としてのコン

ピテンシーとはやや異なることが分かります。

　キー・コンピテンシーは、下の図のように3つのカテゴリーに区分される9つの能力で構成されています。

【図1-Ⅱ-1】キー・コンピテンシーの生涯学習政策指導としての活用可能性に関する調査研究
https://www.nier.go.jp/04_kenkyu_annai/div03-shogai-lnk1.html

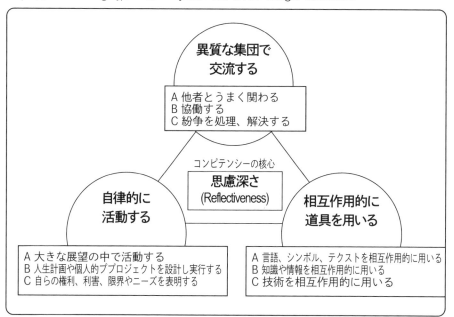

　3つのキー・コンピテンシーは言い換えると次のような能力で構成されていると考えられます。

①　言語や知識、技術を活用しながら、自らをとりまく環境や他者と対話し、世界に働きかける能力

②　多様な集団と関係を構築し、共に学び、生活し、働く力、いわゆる人間関係形成能力

③　個人的アイデンティティを発展させるとともに、様々な社会生活の場面において自律的に行動できる能力

　さらに、①～③の3つのコンピテンシーの核となる能力が省察性である「思慮深さ」です。「思慮深さ」は実践するときには無くてはな

らない能力で、何かを行うときには学習者がじっくり考えること、つまりまず自分事になることが重要です⁽¹¹⁾。

Ⅱ-3　21世紀型能力（国立教育政策研究所）

　国立教育政策研究所では、「社会の変化の主な動向等に着目しつつ、今後求められる資質や能力を効果的に育成する観点から、将来の教育課程の編成に寄与する選択肢や基礎的な資料を得る」ことを目的に、平成21年度から「教育課程の編成に関する基礎的研究」が実施されました。平成24年度の報告書では、「思考力（例：問題解決・発見力・創造力、論理的・批判的思考力、メタ認知・適応的学習力）」を中核として、それを支える「基礎力（言語スキル、数量スキル、情報スキル）」、その使い方を方向付ける「実践力（自律的活動力、人間関係形成力、社会参画力、持続可能な未来への責任）」という三層構造で構成される「21世紀型能力」を提案しました⁽¹²⁾。

【図1-Ⅱ-2】国立教育政策研究所『教育課程の編成に関する基礎的研究 報告書5 社会の変化に対応する資質や能力を育成する教育課程編成の基本原理』（平成24年度プロジェクト研究調査研究報告書）参照

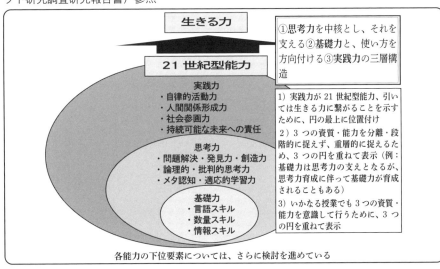

Ⅱ - 4　より重視される「育成を目指す資質・能力」の育成

　2007（平成 19）年に学校教育法が改正され、その第 30 条第 2 項が定める学校教育において重視すべき三要素として、「知識・技能」「思考力・判断力・表現力等」「主体的に学習に取り組む態度」が示されました。

　これらの三要素を議論の出発点としながら、学習する子供の視点に立ち、育成を目指す資質・能力の要素について議論が重ねられたといわれています。

　さらに、海外の事例や、カリキュラムに関する先行研究等を分析した結果、諸外国では資質・能力に共通する要素は、「知識に関するもの」、「スキルに関するもの」、「情意（人間性など）に関するもの」の三つに大きく分類されていることがわかりました[13]。

　育成を目指す資質・能力の三つの柱を検討する際には、それらを踏まえながら考えられ、下の表の三つが育成を目指す資質・能力の三つの柱となりました。

> ①「何を理解しているか、何ができるか（生きて働く「知識・技能」の習得）」
>
> ②「理解していること・できることをどう使うか（未知の状況にも対応できる「思考力・判断力・表現力等」の育成）」
>
> ③「どのように社会・世界と関わり、よりよい人生を送るか（学びを人生や社会に生かそうとする「学びに向かう力・人間性等」の涵養）」

　そして、これらが教育課程を編成するときに最も留意しなければならない資質・能力となりました。

　今まで日本は、学ぶべき知識を系統的に整理した内容（コンテンツ）が重視されてきました。これを今までは、いわゆる「知識」と捉えていました。「平成 28 年答申」においても、「教育課程の考え方につい

ては、ともすれば、学ぶべき知識を系統的に整理した内容（コンテンツ）重視か、資質・能力（コンピテンシー）重視かという議論がなされがちであるが、これらは相互に関係し合うものであり、資質・能力の育成のためには知識の質や量も重要となる」と指摘しているように、知識や技能は、思考・判断・表現を通じて習得されたり、その過程で活用されたりするものです[14]。また、社会との関わりや人生の見通しの基盤ともなります。このように、資質・能力の三つの柱はそれぞれ単独で育成するものではなく、相互に関係し合いながら育成されるものです。

　「知識・技能」は、それ自体、生きて働く「知識・技能」まで高める必要がありますし、それらを活用したり、探究をしたりして、未知の状況にも対応できる「思考力・判断力・表現力等」まで高める必要があります。育成を目指す資質・能力は、どれも知識の質や量に支えられているので、資質・能力（コンピテンシー）重視になったのだから「知識・技能」はもう必要ないということではありません。その習得を目指して引き続き重視していく必要があります。

　なお、中央教育審議会「『令和の日本型学校教』の構築を目指して〜全ての子供たちの可能性を引き出す、個別最適な学びと、協働的な学びの実現〜（答申）」では、「平成28年答申」において、すでに社会の変化が加速度を増し、複雑で予測困難となってきていることを指摘していましたが、新型コロナウイルスの世界的な感染拡大により、そのときの指摘が現実のものとなったとしています。

　中央教育審議会「『令和の日本型学校教』の構築を目指して〜全ての子供たちの可能性を引き出す、個別最適な学びと、協働的な学びの実現〜（答申）」において、「社会の在り方そのものが、これまでとは「非連続」と言えるほど、劇的に変わる状況が生じつつある時代においては、必要な資質・能力として

> 文章の意味を正確に理解する読解力、教科等固有の見方・考え方を働
> かせて自分の頭で考えて表現する力、対話や協働を通じて知識やアイ
> ディアを共有し新しい解や納得解を生み出す力、豊かな情操や規範意
> 識、自他の生命の尊重、自己肯定感・自己有用感、他者への思いやり、
> 対面でのコミュニケーションを通じて人間関係を築く力、困難を乗り
> 越え、ものごとを成し遂げる力、公共の精神等

を挙げています[15]。それらは、次代を切り拓く子供たちに求められ
る資質・能力であるとしています。そして、それらの資質・能力を育
むためには、学習指導要領を着実に実施していくことが重要であると
しています。

【引用・参考文献】

(1)　河合塾 .Kawaijuku Guideline ジェネリック・スキルをどのようにして測定・評価するか . 河合
　　　塾 .2011.p.56-57 参照
(2)　川嶋太津夫 . 大学生のジェネリック・スキルを育成・評価するために . 河合塾 Guideline,.2011.
　　　p.53-55 参照
(3)　西岡加名恵ほか . 教育評価重要用語辞典 . 明治図書 .2021.p.84 参照
(4)　河合塾 .Kawaijuku Guideline ジェネリック・スキルをどのようにして測定・評価するか . 河合
　　　塾 . 2011.p.56-57 参照
(5)　文部科学省 . 高等学校学習指導要領（平成 30 年）総合的な探究の時間 . 2018、p.475、参照
(6)　河合塾 .Kawaijuku Guideline ジェネリック・スキルをどのようにして測定・評価するか . 河合
　　　塾 . 2011.p.56-57 参照
(7)　文部科学省 . 用語解説（コンピテンシー）p.57.　https://www.mext.go.jp/component/b_
　　　menu/shingi/toushin/__icsFiles/afieldfile/2013/05/13/1212958_002.pdf　参照
　　　最終閲覧日 2021.6.27
(8)　河合塾 .Kawaijuku Guideline ジェネリック・スキルをどのようにして測定・評価するか . 河合
　　　塾 .2011.p.56-57 参照
(9)　文部科学省 . 育成すべき資質・能力を踏まえた教育目標・内容と評価の在り方に関する検討
　　　会、論点整理 . 2014.p.3 参照　https://www.mext.go.jp/component/b_menu/shingi/
　　　toushin/__icsFiles/afieldfile/2014/07/22/1346335_02.pdf　参照　最終閲覧日
　　　2021.6.27
(10) 文部科学省 . 用語解説（キー・コンピテンシー）https://www.mext.go.jp/b_menu/shingi/
　　　chousa/shotou/031/toushin/attach/1397267.htm. 参照　最終閲覧日 2021.6.27

(11) 文部科学省 . 育成すべき資質・能力を踏まえた教育目標・内容と評価の在り方に関する検討会、論点整理 . 2014.p.9 参照　https://www.mext.go.jp/component/b_menu/shingi/toushin/_icsFiles/afieldfile/2014/07/22/1346335_02.pdf　参照 最終閲覧日 2021.6.27

(12) 文部科学省 . 育成すべき資質・能力を踏まえた教育目標・内容と評価の在り方に関する検討会、論点整理 . 2014.p.10-11 参照　https://www.mext.go.jp/component/b_menu/shingi/toushin/_icsFiles/afieldfile/2014/07/22/1346335_02.pdf　参　照　最　終　閲　覧　日 2021.6.27

(13) 中央教育審議会 . 幼稚園、小学校、中学校、高等学校及び特別支援学校の学習指導要領等の改善及び必要な方策等について（答申）.2016.p28 参照

(14) 中央教育審議会 . 幼稚園、小学校、中学校、高等学校及び特別支援学校の学習指導要領等の改善及び必要な方策等について（答申）.2016.p.30 参照

(15) 中央教育審議会 .「令和の日本型学校教育」の構築を目指して〜全ての子供たちの可能性を引き出す、個別最適な学びと、協働的な学びの実現〜（答申）」2021.p.3. 参照

第2章

教育目標

Ⅰ カリキュラム・マネジメント

　カリキュラム・マネジメントについて田村（2011）は、「各学校が、学校の教育目標をよりよく達成するために、組織としてカリキュラムを創り、動かし、変えていく、継続的かつ発展的な、課題解決の営みである。」と定義しています[1]。

　「平成28年答申」では、学校教育の目標と教育課程、カリキュラム・マネジメントの関係については、「教育課程とは、学校教育の目的や目標を達成するために、教育の内容を子供の心身の発達に応じ、授業時数との関連において総合的に組織した学校の教育計画であり、その

【図2-Ⅰ-1】学習のPDCAサイクルイメージ図

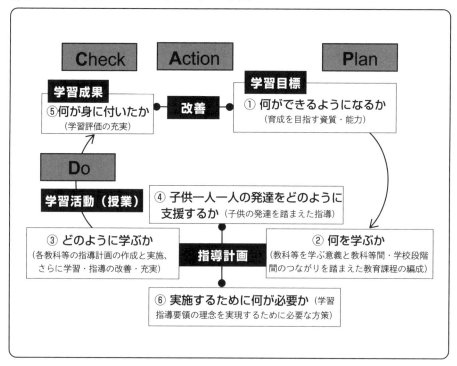

編成主体は各学校である。各学校には、学習指導要領等を受け止めつつ、子供たちの姿や地域の実情等を踏まえて、各学校が設定する学校教育目標を実現するために、学習指導要領等に基づき教育課程を編成し、それを実施・評価し改善していくことが求められる。これが、いわゆる『カリキュラム・マネジメント』である。」とあります⁽²⁾。

　また、「平成28年答申」では、新しい時代を切り拓いていくために生徒に必要な資質・能力を育むための枠組みについて示されています⁽³⁾。

　それを踏まえて学習のPDCAサイクル（左頁図）について考えると、まず学習者である生徒の視点に立って考えることが基盤になります。

　今までも「生徒のために」という視点はあったと思いますが、「生徒のために」教師の視点で考え指導するようなところがやや強かったような気がします。

　生徒の視点に立った上で、教科・科目等の学びを通じて「何ができるようになるのか」という観点から、教師は育成を目指す資質・能力を整理し目標を立て、その整理された資質・能力を育成するために「何を学ぶか」、必要な学習内容や指導内容を検討し、その内容を「どのように学ぶか」、生徒の具体的な学びの姿を考えながら指導計画を構成します。特に「どのように学ぶか」という視点については、それぞれの個性に応じた学びをどのように引き出していくのか、生徒の発達をどのように支援するのかという視点も重要です。学習指導要領の理念が変わりましたので、それを実現するためには、教育課程を工夫・改善することを避けて通ることはできません。また、「何ができるようになるのか」からスタートした生徒の学習活動等により「何が身に付いたか」について学習状況の評価を通じて見取ることや、「実施するために何が必要か」を教育課程の在り方と併せて考えていくことも重要になります。改善の際には振り返りを行い、リフレームすることで次につなげていきます。

「平成 28 年答申」では、教育課程の実施にあたって、下の 6 点に沿って改善すべき事項をまとめ、枠組みを考えていく必要があるとしています[4]。

① 「何ができるようになるか」（育成を目指す資質・能力）
② 「何を学ぶか」（教科等を学ぶ意義と、教科等間・学校段階間のつながりを踏まえた教育課程の編成）
③ 「どのように学ぶか」（各教科等の指導計画の作成と実施、学習・指導の改善・充実）
④ 「子供一人一人の発達をどのように支援するか」（子供の発達を踏まえた指導）
⑤ 「何が身に付いたか」（学習評価の充実）
⑥ 「実施するために何が必要か」（学習指導要領等の理念を実現するために必要な方策）

　次に、学校の PDCA サイクル（右頁図）について考えると、各学校では、はじめに学校の教育目標として育成を目指す資質・能力「何ができるようになるか」を明確にします。同様に各教科・科目等においても育成を目指す資質・能力を明確にします。

　次にこの教育目標を達成するために教育計画を立てます。教育計画を立てるとは、どのような教育内容「何を学ぶか」や教育の方法「どのように学ぶか」で行うのがよいのかについて、生徒の心身の発達に応じ、授業時数との関連において総合的に組織して考えることです。このときに「実施するために何が必要か」「発達をどのように支援するか」を踏まえます。そして、教育活動を行ったことにより「何が身に付いたか」（教育成果）を評価し、教育目標から始まったそれぞれの過程を振り返り、リフレームすることで次につなげていきます。これが、次頁図の「カリキュラム・マネジメント」の側面の一つとなります。

　実際に教育内容や教育方法を工夫しながら実施したとき、どのよう

【図 2- Ⅰ -2】学校の PDCA サイクルイメージ図

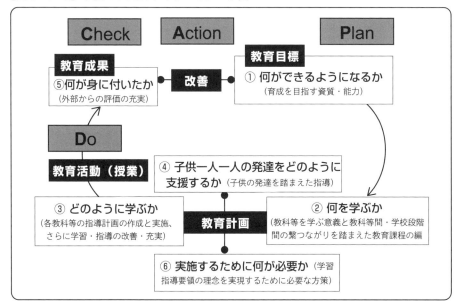

なことが成果につながったのか実施状況を評価し、その年度の改善すべきところを整理分析し、言語化することで課題が浮き彫りになります。その課題が次年度の目標になります。

　今までの高校では「どのように学ぶか」は、授業進度を早める、大学入学者選抜や検定試験への対応などの理由により教師から生徒への一方向的な授業形態で行う傾向にありました。「どのように学ぶか」については、主体的・対照的で深い学びの実現に向けての授業改善が求められていますが、それは一部の教師が実施すればよいのではなく、育成を目指す資質・能力「何ができるようになるか」という視点に立った時、学校全体を挙げて取り組むべきものであることがわかります。

　「平成 28 年答申」では、「こうした『カリキュラム・マネジメント』については、これまで、教育課程の在り方を不断に見直すという以下の②の側面から重視されてきているところであるが、『社会に開かれた教育課程』の実現を通じて子供たちに必要な資質・能力を育成する

という、新しい学習指導要領等の理念を踏まえれば、これからの『カリキュラム・マネジメント』については、下記の三つの側面から捉えることができる」としています[(5)]。

① 各教科等の教育内容を相互の関係で捉え、学校教育目標を踏まえた教科等横断的な視点で、その目標の達成に必要な教育の内容を組織的に配列していくこと
② 教育内容の質の向上に向けて、子供たちの姿や地域の現状等に関する調査や各種データ等に基づき、教育課程を編成し、実施し、評価して改善を図る一連の PDCA サイクルを確立すること
③ 教育内容と、教育活動に必要な人的・物的資源等を、地域等の外部の資源も含めて活用しながら効果的に組み合わせること

Ⅱ スクール・ポリシー

　中央教育審議会「『令和の日本型学校教育』の構築を目指して～全ての子供たちの可能性を引き出す、個別最適な学びと、協働的な学びの実現～（答申）」において、「各高等学校の存在意義や社会的役割等に基づき、各学校において育成を目指す資質・能力を明確化・具体化するとともに、学校全体の教育活動の組織的・計画的な改善に結実させることが不可欠である。その際、高等学校教育の入口から出口までの教育活動を一貫した体系的なものに再構成するとともに、教育活動の継続性を担保するため、育成を目指す資質・能力に関する方針、教育課程の編成及び実施に関する方針、入学者の受入れに関する方針（これら三つの方針を総称して「スクール・ポリシー」と称する）を各高等学校において策定・公表し、特色・魅力ある教育の実現に向けた整合性

のある指針とする必要がある。」とはじめて三つの方針について記載
されました⁽⁶⁾。

　スクール・ポリシーと同じようなものが、大学における「三つのポ
リシー」といわれている卒業の認定に関する方針（ディプロマ・ポリ
シー）、教育課程の編成及び実施に関する方針（カリキュラム・ポリシー）、
入学者の受入れに関する方針（アドミッション・ポリシー）です。各大
学では、2016（平成28）年に学校教育法施行規則が改正されたた
めに、この「三つのポリシー」を策定・公表することが義務付けられ
ました。ディプロマ・ポリシーは、各大学がその教育理念を踏まえ、
どのような力を身に付ければ学位を授与するのかを定める基本的な方
針であり、学生の学修成果の目標ともなるものです。カリキュラム・
ポリシーは、ディプロマ・ポリシーの達成のために、どのような教育
課程を編成し、どのような教育内容・方法を実施するのかを定める基
本的な方針です。アドミッション・ポリシーは、各大学が、当該大学・
学部等の教育理念、ディプロマ・ポリシー、カリキュラム・ポリシー
に基づく教育内容等を踏まえ、入学者を受け入れるための基本的な方
針であり、受け入れる学生に求める学習成果（学力の三要素）を示す
ものです⁽⁷⁾。

　スクール・ポリシーの内容については下の表の通りです⁽⁸⁾。

- 卒業の認定に関する方針（グラデュエーション・ポリシー）は、各学
  校のスクール・ミッション等に基づき、どのような力を身に付けた
  者に課程の修了を認定するのかを定める基本的な方針であり、各学
  校が育成を目指す資質・能力を反映させるもの
- 教育課程の編成及び実施に関する方針（カリキュラム・ポリシー）は、
  グラデュエーション・ポリシー達成のために、どのような教育課程
  を編成し、どのような教育内容・方法を実施し、学習成果をどのよ
  うに評価するのかを定める基本的な方針となるもの

- ・ 入学者の受入れに関する方針（アドミッション・ポリシー）は、各学校のスクール・ミッションや、グラデュエーション・ポリシーやカリキュラム・ポリシーに基づく教育内容等を踏まえ、どのような生徒を受け入れるのかを示す基本的な方針となるもの

　大学でも高校でも、各学校は育成を目指す資質・能力を具体的に示すとともに、卒業までにその力が学生生徒に身に付くように教育課程を編成します。学生生徒は、大学や高校が定めた資質・能力を身に付けることで卒業の認定につながることとなります。

Ⅲ 各学校の教育目標と教育課程の編成

Ⅲ-1 各学校の教育目標の設定

　各学校の教育目標を設定する際に、高等学校学習指導要領（平成30年）解説総則編では、以下のことを踏まえることを求めています[9]。

① 法律及び学習指導要領に定められた目的や目標を前提とするものであること
② 教育委員会の規則、方針等に従っていること
③ 学校として育成を目指す資質・能力が明確であること
④ 学校や地域の実態等に即したものであること
⑤ 教育的価値が高く、継続的な実践が可能なものであること
⑥ 評価が可能な具体性を有すること

　各学校の教育目標については、育成を目指す資質・能力を明確にすることが重要であり、以前から学校で多く見られた抽象的な文言の羅列では評価することは難しいと思われます。
　教育目標を教育計画や教育活動によりどの程度それが達成できたか

について、具体的に評価できるものにする必要があるということです。

　従来の学校の教育目標は、一般に美辞麗句とまでは言いませんが、巧みに美しく飾った言葉を並べていますが、抽象的であり、考えれば考えるほど何を求めているのかわからなくなるようなものが多い傾向にありました。個人や組織が目標を達成するためには、具体的であり、達成に向けてすべきことが、誰にでも分かる必要があります。

　育成を目指す資質・能力を明確にしながら教育目標を新たにつくり、それを総合的な探究の時間の学校の目標にリンクさせてつくった例としては、学校法人明照学園樹徳高等学校（群馬）があります。

　この高校では、副校長と各教科の先生から構成されるワーキンググループをつくり、学習指導要領等について研修しながら、学校の理念、生徒の実態、教師の求める生徒像などを、KJ法やブレインストーミング（やり方については本章第7節で紹介）などの手法を使いながら、学校として育成を目指す資質・能力の原案をつくるとともに、それぞれの資質・能力について定義づけを行いました。その後、すべての常勤の教職員に対して学校として育成を目指す資質・能力はどのような力なのかについてのアンケート調査を行いました。そして最終的に校長の判断を踏まえて、育成を目指す資質・能力が明確化された教育目標と、総合的な探究の時間における学校の目標をつくりました。

Ⅲ-2　学校の教育目標の質をチェック

　教育目標や各学校が定める総合的な探究の時間の目標がある程度決まってきたら、以下のようなフレームワークを使いながら目標が効果的に作成できるかをチェックし、その質を高めていくとよいでしょう[10]。

　設定した目標をチェックし、その質を高めるためのフレームワークにSMARTがあります。設定した目標が「具体的か」「測定可能か」「達

成可能か」「成果に基づいているか」「期限はあるか」、5つの視点からチェックしながら目標の質を高めていきます。

　目標を設定するときに、重要なのは目標の難易度です。目標が低すぎると、組織の能力を持て余すこととなります。逆に高すぎると、途中での息切れにもつながり、どうせ頑張っても無理だろうという雰囲気が生まれてしまいます。目標は、調査データや現状分析をもとにしながらちょっと頑張ればできる内容であり、かつ適切な難易度で設定したいものです。

【SMART の 5 つの視点】

---

① **目標を具体的に考える　Specific**

現在設定している目標の内容が具体的かどうかを考えます。目標を表現する文章は、誰が見ても分かる内容になっているかをチェックします

② **測定できるかを考える　Measurable**

目標の達成度や進捗状況を、定量的に計測できる状態にあるかをチェックします。定量的に計測できることで、共有・改善が可能だからです

③ **達成可能か考える　Achievable**

目標が実現可能かどうかをチェックします。目標レベルは、高すぎず低すぎず、少し背伸びしたくらいの設定にすることが重要です

④ **成果に基づいているか考える　Result-based**

さらに上位の目標に紐づいているかをチェックします。組織全体の上位目標に貢献できるのかについて考えましょう

⑤ **期限を考える　Time-bound**

いつまでに目標を達成するかを考えます。目標には締め切りや期限がなくてはなりません

Ⅲ - 3　教育課程の編成

　「平成28年答申」においては、教育課程については、「学校教育の目的や目標を達成するために、教育の内容を子供の心身の発達に応じ、授業時数との関連において総合的に組織した学校の教育計画である」ことに加えて、「学校教育を通じて育てたい姿に照らしながら、必要となる資質・能力を、一人一人の子供にいわば全人的に育んでいくための枠組みであり、特定の教科等や課題のみに焦点化した学習プログラムを提供するものではない。」とあります。今回の学習指導要領の改訂で、教育課程は、学校の教育活動全体を視野に入れながら、生徒に必要な資質・能力を育てていく考え方に基づいて編成することの重要性を感じます[11]。

　そして、教育課程を編成する際に、これからの時代に求められる資質・能力を育むために、今までのような各教科・科目等の学習に加えて、教科横断的な視点で学習を成り立たせていくことが課題となります。そのため、各教科・科目等における学習の充実はもとより、教科等間のつながりを捉えた学習を進める観点から、教科等間の内容事項について、相互の関連付けや横断を図る手立てや体制を整える必要があります。

　教育課程を編成するに当たって各学校が留意することについて、学習指導要領総則では三点あげています[12]。

> 教育課程の編成に当たっては、学校教育全体や各教科・科目等における指導を通して育成を目指す資質・能力を踏まえつつ、各学校の教育目標を明確にするとともに、教育課程の編成についての基本的な方針が家庭や地域とも共有されるよう努めるものとする。その際、第4章の第2の1に基づき定められる目標との関連を図るものとする。
>
> 高等学校学習指導要領第1章総則第2款1

つまり、以下のような内容になります。

① 各学校の教育目標の中で育成を目指す資質・能力を明確にする

② 教育課程の編成についての基本的な方針は家庭や地域と共有する

③ 各学校が定める教育目標と総合的な探究の時間の目標とを関連づける（第4章第2の1）

まずは、育成を目指す資質・能力を教育目標において明確にすることです。そして、常に資質・能力の育成を意識しながら学校の教育活動全体や各教科・科目等の授業における指導・学習に対して工夫・改善を行うことが大切です。

また、学習指導要領の理念でもある「社会に開かれた教育課程」という視点から考えると、教育課程の編成に係ることは、生徒、教職員はもちろん、家庭や地域と共有しながら、必要に応じて外部から連携や支援をしてもらう体制をつくることも必要なことです。

特に、教科横断的な視点での学習が資質・能力を育むときに必要であると考えたときには、総合的な探究（学習）の時間が有効となります。各学校の教育目標と各学校が設定する総合的な探究の時間の目標との関係については以下の通りです。

第2 各学校において定める目標及び内容

1 目標

各学校においては、第1の目標を踏まえ、各学校の総合的な探究の時間の目標を定める。

3 各学校において定める目標及び内容の取扱い

各学校において定める目標及び内容の設定に当たっては、次の事項に配慮するものとする。

(1) 各学校において定める目標については、各学校における教育目標を踏まえ、総合的な探究の時間を通して育成を目指す資質・能力

を示すこと。

高等学校学習指導要領第4章総合的な探究の時間第2の1、3(1)

　各学校が定める総合的な探究の時間の目標についても育成を目指す資質・能力を明確にすることが求められていています。

　なお、3(1) において、各学校における教育目標を踏まえとは、各学校において定める総合的な探究の時間の目標が、この時間の円滑で効果的な実施のみならず、各学校において編成する教育課程全体の円滑で効果的な実施に資するものとなるよう配慮することが必要です[13]。

Ⅳ 教育目標を実際に設定する(例)

　各学校の教育目標や、総合的な探究の時間の目標を設定したり、その目標を実現するにふさわしい探究課題を決めたりする場面では、グループワークは教師にとっても有効です。

Ⅳ-1 ブレインストーミングについて[14]

　ブレインストーミング（Brainstorming）は、ブレスト、BS 法など様々な形で呼ばれている会議方式です。ブレインストーミングは、新しい主題を導入し、創造性を促進し、多くのアイデアをすばやく生み出す方法です。特定の問題を解決したり、ある問いに答えたりするのに使用できます。

（1）ブレインストーミングのやり方

① ブレインストーミングしたいと思う問題を決め、様々な答えが出せるような問いを作ります
② 全員が見えるところに問いを書きます
③ 自分たちの考えを自由に発言し、誰もが見ることのできるところ（例えば模造紙など）に一語で、又は短文で書いてもらいます
④ 誰からもアイデアが出なくなったら、ブレインストーミングを終わります
⑤ コメントを求めながら、提案されたことがらを一つずつ検討していきます

（2）留意点

「他人の批判をしない」「自由な発言」「質より量を出す」「便乗や連想、結合を大事にする」という四つの基本原則があり、これに基づき、問題について自由にアイデアを出し合います。

- 新しい提案はどれも残さず書き留めます。しばしば最も創造的な提案がいちばん有効で興味深いものであるものです
- 意見の提案が終わるまでは、他人の書いたものについて誰も意見を述べてはいけません。また、すでに出された意見をくり返してはいけません
- 誰もが意見を出すように激励してください
- 学習集団を励ます必要がある場合にのみ、指導者の意見を出すようにします
- 出された提案の意味がよくわからない場合には、説明を求めます

Ⅳ-2 KJ法について (15)

(1) KJ法の流れとやり方

KJ法については下の図のような流れで行います。

【図2-Ⅳ-1】KJ法のフロー図

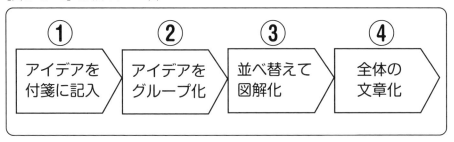

① アイデアを付箋に記入

- 付箋に書くのは1つの付箋につき1メッセージ（単語）とします
- 思いついたままの形で記載します

② アイデアをグループ化

- 全ての付箋に目を通す⇒近い内容の付箋をまとめる⇒表札を作る
- どのグループにも属さない付箋はそのままにしましょう
- 小グループから大グループの順で、整理をします。付箋の枚数が多い場合は中グループを作ることも必要です
- グループ化したらチェックし直します

③ 並び替えて図解化

- 空間配置を考えるときにフレームワークを使いながら考えると比較的わかりやすくなります
- フレームワーク（ツリー型、フロー型、サテライト型、サイクル型）で考えてみましょう

④ 全体の文章化

- アイデアを図解して終わりではなく、並び替えたことででき上がった配置から、全体の関係性を文章化します
- 一度にすべてを文章化することは難しいので関係のあるものをひとつなぎにしていき、文章を断片的に作成していきましょう

【図 2- Ⅳ -2】KJ 法のフレーム ワーク

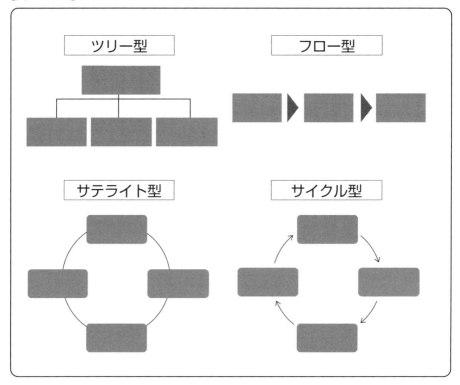

(2)　ブレインストーミングと組み合わせる

　アイデアや情報を網羅的に抽出することのできるブレインストーミングと、多種多様な情報やデータを効率良く整理することのできるKJ 法は相性が良いので、多くの場合 KJ 法とブレインストーミングはセットで用いられます。

　KJ法による情報整理や情報活用を前提としたブレインストーミングの実行手順は通常のブレインストーミングの実行手順と多少異なる部分があるので留意が必要です。

> ・　KJ法では、批判的な意見や考えも本質的問題の特定に重要な要素となるため、ネガティブ要素の強い情報も意識的にリストアップしていきます
> ・　KJ法による情報整理や情報活用を前提としているので、付箋紙(ポストイット)などの小さな紙に個々のアイデアや情報を記入していきます
> ・　ブレインストーミングで出たアイデアを、KJ法で全体的な視点から整理することで新しい着想やアイデアを得ることができます

　なお、コロナ禍においては、ソーシャルディスタンスや会話に配慮してグループワークを行う必要性も考えられるため、付箋を使ったKJ法や後述するブレインライティングなどによりアイデアや情報を抽出していく方法は適しているかもしれません。

【図2-Ⅳ-3】ブレインストーミングとKJ法の関係

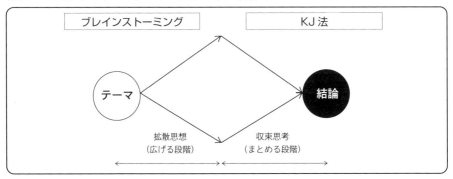

（3）KJ法のメリット

①「思いつき」の可視化

　誰でもアイデアは思いつくものですが、頭の中に浮かんだ思いつき

や発想を可視化することができます。言葉を書き表し、見えるようにすることで、思いつきのアイデアを残すことができます

② **課題を明確にできる**

実際には何が問題かをきちんと捉えていないということは少なくありません。KJ法の活用により、目の前の問題の本質を捉えられたり、課題を明確にしたりすることができます

③ **課題に対して様々な見解を得られる**

個人だけの意見では比較的思考が偏ってしまいがちですが、さまざまな角度からいろいろな見解を得ることができます。できるだけ多くの意見を集めるために、ブレインストーミングを複数人で行う方が効果的なのと同じで、KJ法もグループで用いることで、多種多様な見解を得られます

④ **少数意見も考慮に入れることができる**

話し合いは多数決の原理に基づいて進められやすいですが、KJ法では少数意見も無視されずに考慮に入れられる点が強みです。少数意見が採用されるかは別問題ですが、考慮することにより、一方に偏っていない幅のあるアイデアを組み立てることができます

Ⅳ-3 他のグループワークをするときの手法について

（1）ウォール・ライティングについて [(16)]

ウォール・ライティングは、ブレインストーミングの一種です。学習者は、自分たちの意見を小さな紙片に書いて壁に貼ります。

この方法の利点は、他の人たちの意見の影響を受けずに、学習者が自分で静かに考えることができること、さらに貼り付けた紙は、意見を分類しやすくするように自由にあちこちに張り替えることができる

ことです。

（2）ブレインライティングについて⁽¹⁷⁾

　ブレインライティングは回覧板のようにシートを次の人に回していき、前の人のアイデアを借りながら（参考にしながら）自分のアイデアを書き足しながら思考を広げていく手法です。思考を強制的に広げることで「量」を確保できるほか、発言することが苦手なメンバーでも気軽に参加できるメリットがあります。コロナ禍では、しゃべらないでアイデアを抽出するブレインライティングは有効です。

ブレインライティングのやり方
① テーマを設定する
　一人一枚シートを用意したら、アイデア発想を行うテーマを設定します。例えば「新しいテーマパーク」をテーマとすることとします。もしより具体的な範囲のアイデアを出したい場合は、「テーマパークの夏休みの集客を増やす方法」など設定するテーマを絞り込むよう工夫します

② 一番上の行に思い浮かぶことを書く
　各自がシートの1行目にテーマから思い浮かぶアイデアを記入します。そのとき、1行あたり例えば3〜5分の制限時間を設定します。1行目を書く時間が終了したらシートを隣の人に回す。ブレインライティングを行う時、次の人に渡しやすくするためには四角形に並ぶと効率よく回せます

③ 次の行に思い浮かぶことを書く
　回ってきたシートに置かれている内容をヒントに、次の行にアイデアを記入します。前の人のアイデアに相乗りしても、新たに思い浮

かんだものを記入しても構いません。以降、1 行書いてはシートを
回す作業をシートが埋まるまで繰り返します

下は［ブレインライティング］のフレームです。

テーマ		

【引用・参考文献】

(1)　田村知子 . 実践カリキュラムマネジメント . ぎょうせい .2011.p.2

(2)　中央教育審議会 . 幼稚園、小学校、中学校、高等学校及び特別支援学校の学習指導要領等の改善
　　　及び必要な方策等について（答申）.2016.p.23 参照

(3)　中央教育審議会 . 幼稚園、小学校、中学校、高等学校及び特別支援学校の学習指導要領等の改善
　　　及び必要な方策等について（答申）.2016.p.20-21 参照

(4)　中央教育審議会 . 幼稚園、小学校、中学校、高等学校及び特別支援学校の学習指導要領等の改善
　　　及び必要な方策等について（答申）.2016.p.21 参照

(5)　中央教育審議会 . 幼稚園、小学校、中学校、高等学校及び特別支援学校の学習指導要領等の改善
　　　及び必要な方策等について（答申）.2016.p.23-24　参照

(6)　中央教育審議会 . 令和の日本型学校教育」の構築を目指して～全ての子供たちの可能性を引き出
　　　す、個別最適な学びと、協働的な学びの実現～（答申）.2021.p.51-52 参照

(7)　中央教育審議会大学分科会大学教育部会 . 「卒業認定・学位授与の方針」（ディプロマ・ポリシー）、「教
　　　育課程編成・実施の方針」（カリキュラム・ポリシー）及び「入学者受入れの方針」（アドミッション・ポリシー）
　　　の策定及び運用に関するガイドライン .2016 参照

(8)　中央教育審議会初等中等教育分科会 . 新しい時代の高等学校教育の在り方ワーキンググループ（審
　　　議まとめ）～多様な生徒が社会とつながり、学ぶ意欲が育まれる魅力ある高等学校教育の実現に向
　　　けて～ .2020 参照

(9)　文部科学省 . 高等学校学習指導要領（平成 30 年）解説総則編 . 東洋館出版社 .2019.p.51-52 参
　　　照

(10)　株式会社アンド . ビジネスフレームワーク図鑑 . 翔泳社 .2018. p.136-137 参照

(11)　中央教育審議会 . 幼稚園、小学校、中学校、高等学校及び特別支援学校の学習指導要領等の改善
　　　及び必要な方策等について（答申）.2016.p.23,p.27 参照

(12)　文部科学省 . 高等学校学習指導要領第 1 章総則第 2 款 1 .2018 参照

(13)　文部科学省 . 高等学校学習指導要領第 4 章総合的な探究の時間第 2 の 1、3（1）.2018 参照

(14)（15）ボクシル編集部 . KJ 法とは｜ブレーンストーミングとの関係とメリットを解説 .
　　　https://boxil.jp/mag/a3325/　参照　最終閲覧 2021.6. 27

(16)　文部科学省 . グループ活動を効果的に進めるテクニック　https://www.mext.go.jp/b_menu/
　　　shingi/chousa/shotou/024/report/attach/1370772.htm　参照　最終閲覧 2021.6.
　　　27

(17)　株式会社アンド . ビジネスフレームワーク図鑑 . 翔泳社 .2018. p.78-79 参照

第3章

探究
（問題解決型学習、課題解決型学習、
PBL/Project Based Learning）

I 探究とは（1）

　総合的な探究の時間では、問題解決的な学習が発展的に繰り返されることで、よりよく課題を発見し解決していくための資質・能力を身に付ける学習のことを「探究」と呼んでいます。「探究」により、試行錯誤しながらも新しい未知の課題を発見し、それに対応することが求められる時代に欠かすことのできない資質・能力を身に付けることができるとしています。そして、この問題解決的な学習を行う時の学習過程を探究の過程といます。この探究の過程は以下のように示すことができます。

【図 3- I -1】探究の過程

①課題設定
日常生活や社会に目を向けたときに湧き上がってくる
疑問や関心に基づいて、自ら課題を見つける過程

②情報収集
そこにある具体的な課題について、情報を収集する過程

③整理・分析
その情報を整理・分析したり、知識や技能に結び付けたり、考えを出し合ったりしながら課題解決に取り組む過程

④まとめ・表現
明らかになった考えや意見などをまとめ・表現し、そこからまた新たな課題を見つけ、さらなる課題解決を始めるといった過程

　この①②③④の学習活動を発展的に繰り返していくことが「探究」です。

【図 3- Ⅰ -2】探究のサイクル

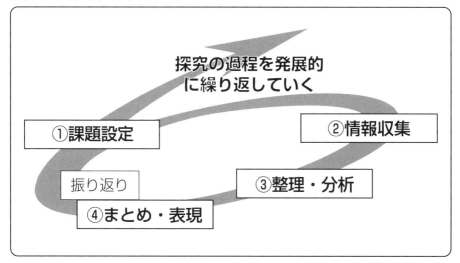

　探究の過程は、いつも①②③④の過程を固定的に捉える必要はありません。①②③④の過程が順番通りに繰り返されるわけではなく、過程の順番が前後することもあります。また、一つの活動の中に複数の過程が一体化して同時に行われる場合も当然起こります。

　①⇒②⇒③⇒④という流れは、学習指導要領が示した標準的な流れです。必要に応じて、探究の過程を行ったり来たりしながら何度も繰り返すこともあります。探究の過程を意識しながら、振り返りながら繰り返すことで、資質・能力は高まっていきます。

Ⅱ　問題解決型学習（PBL）

　「課題解決型学習」とも呼ばれています。教師が、一方向的な講義

形式で知識を伝えるだけの一斉授業ではなく、学習者が、自ら問題を発見し解決する能力を養うことを目的とした指導・学習方法のことを指します。教師は、学習者自身の自発性、関心、能動性を引き出すことが役割であり、ファシリテーター・助言者として学習者のサポートをする立場で授業を進めて行きます。

　問題解決型学習の学習過程において、反省的思考（reflective thinking）が働くことで、新しい知識や能力、態度が習得されるといわれています。

　米国のジョン・デュウイー（1910）の『How We Think』においても、問題解決型学習について、知識を注入するだけの教授法、系統学習に対して、学習者の生活や要求に応じ、日常的な生活実態を足場にしながら、問題解決を行わせることであり、学習者の諸能力を高めようとする方法とされています。問題解決型学習では、問題場面に遭遇したとき、正しい答えにたどり着くこと以上にその問題解決のための思考に対応する学習の過程が重視されています。

Ⅲ 探究・調べ学習・研究

　研究について、坂根（2011）は「「研究とは自然の法則を理解して、人類の発展に役立たせる知的営みである」。つまり、研究はその成果が人類の発展に「役に立たないといけない」のである。」といっています[2]。

　探究については、問題解決的な学習が発展的に繰り返されることで、よりよく課題を発見し解決していくための資質・能力を身に付けるための学習のことです。つまり、正しい答えにたどり着いたり、人類の

役に立つような成果を上げたりすることが目的や目標にはなっていません。

【図 3- Ⅲ -1】研究・探究・調べ学習のイメージ図　田口作成（2019）

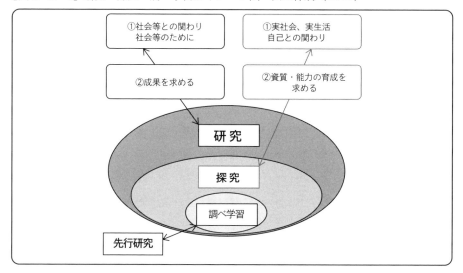

「調べ学習」というワードは、最近多く聞かれるようになってきました。「調べ学習」の意味は幅広く使われているようです。

「探究を行うこと」を指していることもあれば、学習者が教師から与えられた課題について「本やインターネットで調べること」を示すなど多様な意味で使われているため、「調べ学習」という言葉を使う場合は、その意図をしっかり確認してから話さないと意思疎通を図ることができないかもしれません。なお、探究の過程の情報収集も、調べ学習といっていることもあります。

Ⅳ 総合的な探究の時間と 総合的な学習の時間の対比 (3)

　総合的な探究の時間は、平成 30 年に改訂された高等学校学習指導要領において、総合的な学習の時間から、名称変更になりました。小中学校においても平成 29 年に学習指導要領が変わりましたが、名称こそは今までと同じ総合的な学習の時間ですが、目標については大きく変わりました。

　下図の総合的な学習の時間と総合的な探究の時間の目標を比べてみると、そこからは、育成を目指す資質・能力など多くの部分が共通したり、連続したりしていますが、一部異なる書き方をしているところが見られます。そこが総合的な探究の時間ならではの特質であることを意味しています。

【図 3- Ⅳ -1】「総合的な学習の時間」と「総合的な探究の時間」の対比

小中学校	高　校
総合的な**学習**の時間	総合的な**探究**の時間
探究的な見方・考え方**を働かせ**、横断的・総合的な学習を行うことを通して、よりよく課題を解決し、**自己の生き方を考えていくための資質・能力を次のとおり育成する**ことを目指す（後略）。	**探究**の見方・考え方を**働かせ**、横断的・総合的な学習を行うことを通して、**自己の在り方・生き方を考えながら、**よりよく課題を**発見**し解決していくための**資質・能力を次の通り育成する**ことを目指す（後略）。

　両者の違いは、学習者の発達の段階において求められる探究に対しての姿勢と関わっており、課題と自分自身との関係で考えることができます。総合的な学習の時間では、課題を解決することで自己の生き方を考えていく学びですが、総合的な探究の時間は、自己の在り方生き方と一体的で不可分な課題を自ら発見し、解決していくような学びを展開していくことが求められています。つまり、より自分事になるような課題を設定しそれの解決に向けて試行錯誤することを求めています。

V　小中学校との接続

　国立教育政策研究所（2015）が、探究（的な学習）の過程である、「課題設定」、「情報収集」、「整理・分析」、「まとめ・表現」、それぞれについて児童生徒に対して調査を行い、そのうちそれぞれの過程について肯定的な回答率を比較したものが以下の通りです。

【資料 3- V -1】平成 27 年度学習指導要領実施状況調査 教科・科目等別分析と改善点（高等学校 総合的な学習の時間（質問紙調査））

---

① 自分で課題を決めて、解決に向けて取り組んでいる

　高校 53.4%、中学校 65.5%、小学校 71.8%

② 自分で調査をしたり、コンピュータや本などを使ったりして、情報を集めている

　高校 54.9%、中学校 56.6%、小学校 66.6%

③ 自分で集めた情報を整理したり、それをもとに考えたりしている

　高校 50.3%、中学校 51.9%、小学校 62.1%

④ 自分の考えを分かりやすくまとめたり発表したりしている

　高校 34.0%、中学校 41.9%、小学校 56.4%

この結果を見ると、学校種が小学校、中学校、高校と上がるにつれて、児童生徒の取組について肯定的な回答が減少しています。もし、学校段階間の接続がうまくできていて、各学校種で総合的な学習の時間で探究的な学習を実施していれば、高校においては、探究の中核である探究の過程は何度も繰り返されるので、学び方については慣れているとまではいいませんが、経験していると考えられます。したがって、それぞれの探究（的な学習）の過程についての肯定的な回答率は上昇するものと考えられます。しかし、調査結果からすると、学校種が上がるにしたがって肯定的な回答率が低下しています。もちろん半分以上が肯定的なので、我が高校には当てはまらない、という場合もあるでしょう。

　高等学校学習指導要領（平成 30 年）解説総合的な探究の時間編の改訂の趣旨には、高等学校学習指導要領（平成 21 年）総合的な学習の時間を実施しての課題と指摘事項として、以下のことが挙げられています[4]。

地域の活性化につながるような事例が生まれている一方で、本来の趣旨を実現できていない学校もあり、小・中学校の取組の成果の上に高等学校にふさわしい実践が十分展開されているとは言えない状況にある。

各学校段階における総合的な学習の時間の実施状況や、義務教育９年間の修了時及び高等学校修了時までに育成を目指す資質・能力、高大接続改革の動向等を考慮すると、高等学校においては、小・中学校における総合的な学習の時間の取組の成果を生かしつつ、より探究的な活動を重視する視点から、位置付けを明確化し直すことが必要と考えられる。

　また、今回の学習指導要領の改訂では、「平成28年答申」を踏まえて平成29年に改訂された中学校学習指導要領との接続を含め、小・中・高校を見通した改善・充実の中で、高校教育の充実を図っていくねらいがあります。したがって、高等学校学習指導要領第１章総則第２款「教育課程の編成」には新たに規定された「4 学校段階等間の接続」には以下のような記載があります[(5)]。

> (1) 現行の中学校学習指導要領を踏まえ、中学校教育までの学習の成果が高等学校教育に円滑に接続され、高等学校教育段階の終わりまでに育成することを目指す資質・能力を、生徒が確実に身に付けることができるよう工夫すること。
>
> 中学校教育との接続（第１章総則第２款4(1)）中等教育学校等の教育課程は省略

　学校段階等間の接続が重視される中、本来は小中学校で学んだ総合的な学習の時間の上に、高校での総合的な学習の時間での学びが積み上げられるはずですが、実際には多くの高校で実施していた総合的な学習の時間では小中学校の学びが積みあがっていないことが示されています。

Ⅵ　探究をより洗練された質の高いものにする

　探究をより洗練された質の高いものにするために、学習の過程（探究の過程）と学習者の視点から考える必要があります[(6)]。

　ひとつは学習の過程の視点です。高校における学習者は、すでに小中学校で総合的な学習の時間を学ぶことで、探究的な学習の過程を経験しています。また、高校によっては、例えば「探究の基礎」と称して、探究の過程のそれぞれの過程を取り上げながらワークシートなど

を使って留意すべき点を確認しています。探究の過程を繰り返し経ることで、その質は高まりますし、より高度化されていきます。その探究の過程が高度化されているかどうかの指標として、以下のことが考えられます。

> ① 探究において目的と解決の方法に矛盾がない (整合性)
>
> ② 探究において適切に資質・能力を活用している (効果性)
>
> ③ 焦点化し深く掘り下げて探究している (鋭角性)
>
> ④ 幅広い可能性を視野に入れながら探究している (広角性)

もうひとつは学習者への視点です。探究を行うときに、学習者が設定した課題に対して自分事になっていて、探究とのかかわりが自律的に行われていることが重要です。学習者が探究に対して自律的にかかわっているかどうかの指標として、以下のことが考えられます。

> ① 自分にとって関わりが深い課題になる (自己課題)
>
> ② 探究の過程を見通しつつ、自分の力で進められる (運用)
>
> ③ 得られた知見を生かし社会に参画しようとする (社会参画)

Ⅶ　オーセンティックな学び (真正の学習) を教科横断の視点で実践

　奈須 (2016) は、「現実の社会に存在する本物の実践に可能な限り近づけて学びをデザインする」ことの必要性を述べています [7]。「本物の」や「真正の」などの意味がある「オーセンティック」の教育的意義について着目してみると、次のようなことが考えられます。

　学習指導要領の理念が「よりよい学校教育を通じてよりよい社会を創る」ですから、子供たちが、学校教育により社会に貢献する、あるいは社会を生き抜くために必要な資質・能力を身に付けることが目的です。

　今までの学校は、どちらかというと「社会に出て必要な力は、社会に出てから身に付けてください」という教育を子供たちに行ってきた傾向がありました。しかし、現在は将来の予測が困難であり、社会の変化も激しいため、社会全体が学校教育に対して「社会の変化に対応できるような資質・能力を身に付けること」を求めるようになってきました。

　したがって、学校教育において、社会の変化に対応できるような資質・能力を育成するためには、現実の社会に存在する本物の実践に可能な限り近づけた学びをデザインすることが求められるようになってきました。学校教育の中で学び、身に付けた知識・技能や活用力である思考力・判断力・表現力など、情意・態度が社会に出たときに実践で役立つようになると考えられています。

　例えば、バレーボール競技を考えてみましょう。

　この場合、本物とは大会における試合となります。したがって、オーセンティックな練習とは大会における試合を意識したゲーム形式の総合練習（例えば相手チームがいて、審判がいて、できれば観客がいて……）となります。大会における試合では、刻々と変化する試合の流れの中で最適なプレーを選択して成功させることが勝利につながります。そうした感覚や能力を実際のゲームの中で可視化し、それをオーセンティックな練習で身に付けていくことが大切です。大会の直前の試合期になっても、パス、アタック、レシーブ、ブロックの練習を相変わらず単独で、それぞれ個別的に練習していたとしても、大会での勝利は遠いものになります。もちろん、一つ一つの基本的な技術の精度を高めていくことは大切なことですが、試合を想定したオーセンティックな練習なくして、大会における試合で勝利を掴むことはできません。

【図 3- Ⅶ -1】バレーボール競技を例にした「オーセンティックな学び」

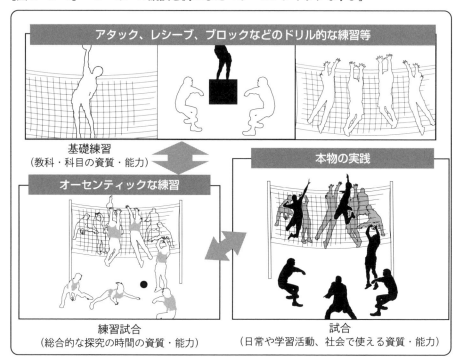

一方、学校においてオーセンティックといえば「現実の社会の」ということになります。この現実の社会に存在する本物の実践を行うには、社会を意識しながら教科・科目の学びを深めていくことが重要になりますが、それだけでは不十分であり、それに加えて、教科・科目の本質的な部分を横断するような学び、教科横断の視点を持った学びが必要になります。

学習者に、日常生活や社会に目を向けさせながら、そこで起こっている問題や課題に気づかせたり、それを体験させたりすることが必要となります。そして、それを解決するために教科・科目を横断する視点を持った学びを実践させることこそが、現実の社会に存在する状況に近い中での実践となります。

この教科横断の視点を持った学びが、まさに総合的な探究の時間の

学びであり、総合的な探究の時間が、今後ますます各学校の教育活動
において重要なものになるかが分かるかと思います。

【引用・参考文献】

(1)　文部科学省 . 高等学校学習指導要領（平成 30 年）解説総合的な探究の時間編 . 学校図書 .201
　　　9 ,p.12-13 参照
(2)　坂根政男 . 研究とは何だろうか . 日本機械学会論文集 77 巻 779 号 .2011,p.1078-1080 参
　　　照
(3)　文部科学省 . 高等学校学習指導要領（平成 30 年）解説総合的な探究の時間編 . 学校図書 .201
　　　9 ,p.8-10 参照
(4)　文部科学省 . 高等学校学習指導要領(平成 30 年)解説総合的な探究の時間編 . 学校図書 .201 9 ,p.6
　　　参照
(5)　文部科学省 . 高等学校学習指導要領（平成 30 年）解説総則編 . 東洋館出版 .201 9 ,p.106-108
　　　参照
(6)　文部科学省 . 高等学校学習指導要領（平成 30 年）解説総合的な探究の時間編 . 学校図書 .201
　　　9 ,p.9-10 参照
(7)　奈須正裕 . 資質・能力を基盤とした学校教育の創造 . 文部科学省生涯学習分科会企画部会（第 2 回）
　　　配付資料 3.2016.p.22 参照

第4章

問を見いだし、
課題を設定する

Ⅰ 問題と課題の違いを整理する

Ⅰ-1 問題とは

　問題とはギャップのことです。このギャップには大きく分けて、ネガティブ側のもの、つまり通常状態に戻すべき負の状態とのギャップとポジティブ側のもの、つまりあるべき望ましい姿と現状とのギャップという二通りがあります。

【図4-Ⅰ-1】ネガティブとポジティブの二通りのギャップ

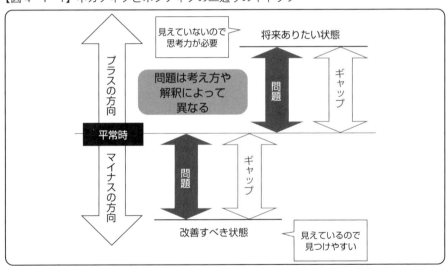

　一般に、通常時とのネガティブなギャップは、改善すべき点が見えているので、問題を見つけやすい傾向にあります。一方、将来ありたい状態と現在とのギャップ、いわばポジティブなギャップは見えにくい傾向にあるので、問題を見つけるためには思考力が必要となります。ギャップとしての問題を考える場合には、必ず二つの状態が関わっているということです。この二つの状態を知るとともに、その状態を比

較していくことが大切です。

　また、ギャップについて考えるときには、事実は一つですが、二つの状態の差がどの程度の大きなギャップになるかということは、人によって違います。例えば、皿を割ってしまったとき、その皿が誰かとの思い出の品であったり、世界で一つしかないものであったりすれば大問題になるでしょう。しかし、元々捨ててしまおうと思っていた皿であったならば、けがをしないように早く片付けておく、その程度のものである可能性があります。なぜ、皿が割れたという事実は一つなのに、それらが人によって違う問題になるかといえば、一つの事実に対する「戻すべき状態」あるいは「あるべき姿」が人によって異なるからです。つまり、問題というのは、私たちが事象をどのように解釈するかによって変わってくるということです。

　問題発見が、私たちの思考力とどのように関わっているのか、その答えがここにあります。要は問題というのは事実そのものではなく、それを認識する私達の頭の中にあるのです。したがって、身の回りのものを見て様々な問題が見つかる人とそうでない人が出てくるわけです。例えば、完璧主義者の人というのはあるべき姿のレベルが高いので、他人と同じ現象を見ても、そのギャップが大きく感じられるので人一倍様々な問題が見つかることになります。このように問題は常に二つの状態の比較から来ることを理解しておくと、実社会や実生活と自己との関わりから問を見出だし、自分で課題を立てやすくなります[1]。

Ⅰ-2 問題と課題の違い

　問題とは、物事に何か異常、不具合、悪化、あるいはあるべき姿（理想）からの乖離などの存在に気付くこと、それに対する振り返りやクリティカルシンキングを行うことにより生じるギャップのことを指し

ます。また課題とは、何がそれ（問題）を引き起こす原因なのか、それを解決するためにはどんな方向性が考えられるのかを洞察し、具体策を練って施策（実施するための計画）を決めることを指します[(2)]。

【図 4- I -2】 問題と課題の違い

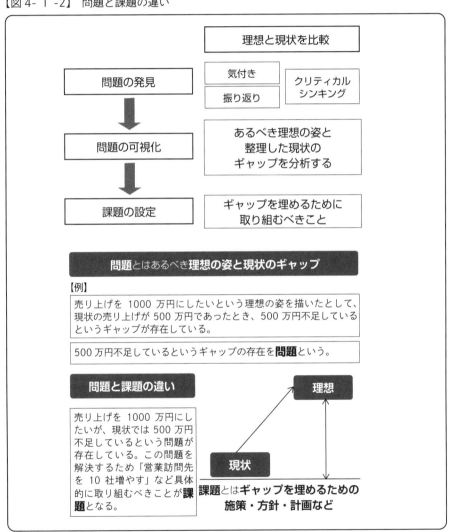

Ⅰ - 3 問題を見出す方法　（例）As is/To be[(3)]

（1）[As is/To be] のやり方

あるべき理想の姿を描く

自分達の未来を想像し、ありたい姿を To be（理想の姿）に描く。付箋に箇条書きで書き出す（見える化）。はじめに、思い浮かぶ要素を全て書き出し、その後で処理する。

現状を整理する

理想の姿に対して、今どのような状況にあるのかを書き出し整理する。資源、スキルなどの定量的な情報に加えて、生徒がどのような希望や感情を抱いているかなど定性的な情報も書く。なお、理想の姿と現状は、双方を見ながら As is（現状）欄に整理していく。

ギャップを分析する

理想と現状の間にあるギャップを分析する。このギャップが問題であり、この問題を深掘りしていくことで課題の設定につなげる。

　[As is/To be]は、[あるべき姿:To be] と [現状:As is]とのギャップを可視化し、そのギャップを埋めるための方法を考えていくフレームワークです。このギャップが問題となります。あらゆる問題解決の第一歩は、この理想と現状の比較から始まります。

下は [As is/To be] のフレームです。

As is （現状）	Tobe （あるべき理想の姿）

ギャップを分析

＊フレームワークとは

考察するために必要な項目（観点）を設定したうえでアイディアを書き出しながら整理していく手法。項目（観点）、フレーム（枠組み）は決まっていますが、そこに当てはまることを幅広く挙げていくことで思考を拡散させます。

Ⅰ - 4　思考を広げる方法（例）6W2H[(4)]、オズボーンのチェックリスト[(5)]

（1）［6W2H］のやり方

① 深めたいテーマ（問題・課題）を決める

深めたい課題や問題等、テーマを決めて中央に記入します

② 思考を広げるための疑問詞

テーマに対して、8つの疑問詞（視点）に対して、それぞれに回答しながら、思考を広げていきます。なお、それぞれの疑問詞で考えるべき視点としては次頁の8つになります

i）　Who:　人物や組織、グループ等、主語の明確化

ii）　What:　考察する対象について、事実や構造の明確化

iii）Whom:　ターゲットや関係人物等、対象物の明確化

iv）　When:　実行日や納期など時間軸(期間やタイミング)の検討

v）　Where:　場所や市地理情報やエリアなどの検討

vi）Why:　目的や原因、意義や前提条件、ねらい、意図等の明確化

vii）How:　手段やプロセス、方法、手順、構造等の明確化

viii）How much:　時間やお金、人材など、資源の検討

　思考を広げるために必要な、ベースとなる問いを網羅してくれるのが6W2Hの問いです。

　テーマに対して、様々な疑問詞による問いを投げかけることで思考が広がり、今まで気づいていなかった視点を得ることができます。

【図4-Ⅰ-3】[6W2H]のフレームワークの例

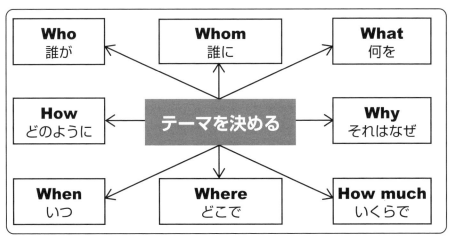

下は ［6W2H］ のフレームです。

WHO 誰が	Whom 誰に	What 何を
How どのように	【テーマ（問題）】	Why それはなぜ
When いつ	Where どこで	How much いくらで

（2）［オズボーンのチェックリスト］のやり方

　設定した課題を、9の項目からなるチェックリストに答えることで、新たな視点で、アイディアを発案していきます。チェックリストという名称から連想されるように、問いのリストを手元に置き、考えが煮詰まったら、いつでも活用するようにしましょう。9の項目については下の表の通りです。

【図4-Ⅰ-4】オズボーンのチェックリスト

項目	意味	具体例
転用	転用できるかできないか、新しいつか道はないかを考える	木の葉・木の実を料理に添える飾りへ
応用	似たようなアイデアはないか、他のアイデアを応用できないかを考える	ラグビーからアメリカンフットボールへ
変更	変更できないか、意味付け、色、デザインなど利用目的を変化できないかを考える	看護師の着衣の色を白から薄いピンクへ
拡大	大きくできないか、高く、長くできないか、量や回数・機能・情報など増やせないかを考える	ジャンボジェット機、回数券、多機能テレビ
縮小	小さくできないか、低く、短くできないかなど、量や回数・機能などを減らせないかを考える	腕時計、スマホ、薄型テレビ、切り売り
代用	他の素材、人、モノ、場所、方法を置き換えることはできないかを考える	タバコ→ガム、あめ、電子タバコ
置換	配置換えできないか、要素・順序・パーツ、プロセスなどを上下、左右、前後に置き換えたらどうかを考える	人事異動、部屋の模様替え、スケジュールの変更
逆転	反対に考える、上下、左右、前後などの常識を覆すなど、順序や考えを逆にした場合を考える	ピンチをチャンスへ、水のいらない洗濯機
結合	モノや考えを結合、新旧や真逆の要素を組み合わせたり、セットにすることを考える	品質改良、合成繊維、スマホ、スイカ・イコカ（電子マネー）

下は［オズボーンのチェックリスト］のフレームです。

課題（キーワード。アイデアでも可）		

転用してみたらどうか？	応用してみたらどうか？	変更してみたらどうか？
拡大してみたらどうか？	縮小してみたらどうか？	代用してみたらどうか？
置き換えてみたらどうか？	逆転させてみたらどうか？	結合してみたらどうか？

Ⅰ-5 問題と課題を一緒に整理する方法 （例）課題設定シート [6]

（1）課題設定シートのやり方

〈問題の設定〉

解決すべき問題を１つ書き出します。問題を複数抱えている場合でも
１枚の課題設定シートでは１つだけを取り上げます。

〈取り組む課題の設定〉

設定した問題を解決するために取り組む課題を書き出します。

１つの問題に対して、複数の課題が存在する場合があるが、課題についても１つに絞って記入します。

〈課題の概要の整理〉

設定した課題に関する前提や条件周辺情報を書き出します。6W2H を意識して課題の概要を整理します。

次のステップでどの課題から優先的に取り組むのかなどを評価することになります。

そのために具体的なイメージを持っているようにすることが目的です。

下は［課題設定シート］のフレームです。

解決すべき 問題	
取り組むべき 課題	

【課題の概要を整理する】

Ⅰ-6 設定された課題の質を検討する方法 (例) SMART [7]

　課題を解決するためには、課題が具体的であり、解決に向けてすべき ことが、誰にでも分かる必要があります。SMART とは、「具体的か」「測 定可能か」「達成可能か」「成果に基づいているか」「期限はあるか」の五 つの要素から設定された課題をチェックし課題設定の質を確かめます。

　重要なのは目標の難易度の設計です。課題が簡単すぎると、能力を 持て余すこととなります。逆に難しすぎると、途中で息切れしてしま うことにつながり、それもまた良くありません。

　調査データや現状分析をもとにチャレンジングかつ適切な難易度を 検証しましょう。

　まずは下の英語を訳すとともに、その意味を具体的に考えてみましょう。

	日本語訳	具体的には
Specific		
Measurable		
Achievable		
Result-based		
Time-bound		

課題設定で事前に考えておくこと

① よい課題設定の条件とは何でしょうか

② 設定された課題は解決できるのでしょうか。その際に阻害要因 となるものは何でしょうか

[SMART] の視点で設定した目標や課題をチェックする

① **目標を具体的に考える　Specific**

　現在設定している目標の内容が具体的かどうかを考えます。目標を表現する文章は、誰が見ても分かる内容になっているかをチェックします

② **測定できるかを考える　Measurable**

　目標の達成度や進捗状況を、定量的に計測できる状態にあるかをチェックします。定量的に計測できることで、共有・改善が可能だからです

③ **達成可能か考える　Achievable**

　目標が実現可能かどうかをチェックします。目標レベルは、高すぎず低すぎず、少し背伸びしたくらいの設定にすることが重要です

④ **成果に基づいているか考える　Result-based**

　さらに上位の目標に紐づいているかをチェックします。組織全体の上位目標に貢献できるのかについて考えましょう

⑤ **期限を考える　Time-bound**

　いつまでに目標を達成するかを考えます。目標には締め切りや期限がなくてはなりません

下は [SMART] のフレームです。

設定された課題	
Specific 具体的か	
Measurable 測定可能か	
Achievable 達成可能か	
Result-based 成果に基づいているか	
Time-bound 期限はあるか	

II 課題設定は学習者が自分で 課題発見する[(8)]

　探究においては、探究の過程が高度化することと学習者が自律的になることが重要です。そのためには、学習者がその時点で持っている資質・能力を適切に活用しながら、自分にとって関わりの深い課題を発見し、解決していく学習活動が必要になります。

　高等学校学習指導要領（平成30年）第4章総合的な探究の時間の配慮事項には「課題の設定においては、生徒が自分で課題を発見する過程を重視する」とありますが、「課題の設定」においては、学習者が自分事として問いを見いだし、自分で課題を立てることが重要です。

　「自分で課題を発見すること」については、高等学校学習指導要領（平成30年）解説総合的な探究の時間編では「生徒が自分自身の力で課題を見付け設定することのみならず、設定した課題と自分自身との関係が明らかになること、設定した課題と実社会や実生活との関係がはっきりすることを意味する。そのためにも、実社会や実生活と自己との関わりから問いを見いだし、自分で課題を立てることが欠かせない」としています。

　問いや課題については、学習者の既有の知識や経験だけでは生まれないこともあるので、学習者は意識的に実社会や実生活と実際に関わることが大切です。このときに、教師が必要に応じて指導、支援、助言することが不可欠になります。

　学習者が、実社会や実生活と実際に関わる中で、時間的な推移の中で現在の状況が問題を持っていること、空間的な比較の中で身の回りには問題があること、自己の常識に照らして違和感を伴う問題があること、などを発見することで、それが問題意識となり、自己との関わ

92

りの中で課題へとつながっていきます。学習者の中に生まれた問いや問題意識が、切実な課題として設定され、より明確な「質の高い課題」となっていきます。このプロセスや時間をわずらわしがらずに、大切にすることが、発見する過程を重視することにつながります。

　「課題の設定」において、学習者が課題に関することを幅広く調べたり、一人でじっくりと考えたり、様々な考えをもつ他者と相談したりするなどして、行ったり戻ったりしながら、時間をかけて課題の設定に取り組むことは、資質・能力を高めるためには不可欠なことです。

　こうして洗練された「質の高い課題」は、より具体的な課題となり、学習者が自らの力で探究を進めるための原動力となります。自分で発見した課題は、自分事になるとともに、将来の職業選択や進路実現にもつながってきます。

　探究が連続し、発展するためには、学習者が実社会や実生活と自己との関わりから課題を発見し、自ら課題意識を持ち、その意識を持ち続けていくことが欠かせません。

　学習者自身で課題を発見することを求められているとはいえ、教師からの意図的な働きかけは、学習者が課題を設定するときには特に有効です。前述したとおり、学習者が持っている知識や経験だけからでは問いや課題が生まれないこともあるため、実社会や実生活と実際に関わることが求められます。その中で、過去と比べて現在に問題があること、他の場所と比べてこの場所には問題があること、自己の常識に照らして違和感があること、などの発見が問題意識となります。必要に応じて、教師はそのような視点を学習者が持てるような仕掛けづくりをする必要があります。また、学習者が自分で課題を設定できるために必要な知識や技能を、事前に学習者に身に付けさせたり、意識させることや、自分の力で探究を進めることができるように事前に時間をかけて指導し、学習させることも必要です。

このように、多くの場合、教師からの意図的な働きかけがなければ学習者自身で課題の設定をうまく行うことは難しいのが現実です。

　人、社会、自然に直接関わる体験活動を行う場合でも、学習対象との関わり方や出会わせ方などを教師が工夫する必要があります。その際、事前に学習者の発達や興味・関心を適切に把握し、これまでの学習者の考えとの「ずれ」や「隔たり」を感じさせたり、対象への「あこがれ」や「可能性」を感じさせる工夫をすることが、問いや課題を学習者が発見するときに有効になります。

　学習者は、対象やそこに存在する問題状況に直接出会うとき、現実の状況と自ら抱く理想の姿との対比などから問いを見いだし、その状況を改善するための課題意識を高めることが多くあります。例えば図や写真、グラフや表などの様々な資料から、現代社会に起きている様々な問題状況をつかみ、そのことと日常生活や社会との関わりを明確にすることで、生徒は解決すべき身に迫った課題として設定していくこともあります。様々な資料との出会いから、自分との関わりから問いを見いだし、自分で課題を設定するからこそ、その取組は真剣なものになります。このようなこともあるために、それぞれの学習者の課題の設定には十分な時間をかけることが必要になってきます。それによって、一人一人の学習者にとって価値のある「適切な課題」として設定されていくことになるからです。「適切な課題」が設定できるように、十分な時間を用いて課題を検討し合うことが大切です。

適切な課題とは

① その課題を解決することの意味や価値を自覚できる課題

② どのようなことを調べ、どのようなことを行うかなど、学習活動の
　展開が具体的に見通せる課題

③ 現実的に解決可能な課題

④ 自分にとって切実であり、必要感のある課題

　十分な吟味がなされていく過程で、その課題が現実的に解決可能か、どのような方法により解決するのか、解決する価値はあるのか、などが繰り返し検証されることになります。

　なお、まとめ・表現の際の気づきや発見からも課題の設定をすることができるので、設定した課題がやや不十分であっても、その課題でまずは探究の過程をスタートさせ、実施してみることもやり方のうちの一つでしょう。

【引用・参考文献】

(1)　細谷功 . 講談社現代新書 . 問題発見力を鍛える . 講談社 .2020. ｐ .108-123 参照
(2)　株式会社アンド . ビジネスフレームワーク図鑑 . 翔泳社 .2018. p.18-19 参照
(3)　株式会社アンド . ビジネスフレームワーク図鑑 . 翔泳社 .2018.p.20-21 参照
(4)　株式会社アンド . ビジネスフレームワーク図鑑 . 翔泳社 .2018.p.22-23 参照
(5)　株式会社アンド . ビジネスフレームワーク図鑑 . 翔泳社 .2018.p.86-87 参照
(6)　株式会社アンド . ビジネスフレームワーク図鑑 . 翔泳社 .2018.p.32-33 参照
(7)　株式会社アンド . ビジネスフレームワーク図鑑 . 翔泳社 .2018.p.136-137 参照
(8)　文部科学省高等学校学習指導要領（平成 30 年）解説総合的な探究の時間編 . 学校図書 .2019,p.14-15,p.17-18, p.48-49, p.124-125 参照

第5章

情報収集

Ⅰ 整理と分析について

　情報収集とは、課題解決に向けて、幅広い観点から適切な情報源を見定めて、適切な手段を用いて、情報を収集・調査し、それらを適切に整理・保存することです。情報収集については、研究方法といわれることもあります。この研究方法とは、問いの答えを導くために、研究で用いられる手法のことといわれています。

Ⅰ-1 情報収集について

① 情報収集は、設定した課題や仮説が合っているかどうかを調べたり、確かめたりするために行います

② 課題解決に向けて、自分で情報を集める姿勢を持つことが大切です

③ 情報収集のやり方はたくさんあるので、どのようなやり方で集めるのが適切かを決めます

④ 情報収集して確かめた結果、設定した課題や仮説が間違っている場合には、設定した課題や仮説が正しいのかを再検討する必要があります

⑤ 情報収集の正しいやり方については、探究を始める前に学ぶことが大切です。正しく情報を収集するためのやり方を理解しないで、収集し始めると、間違っていたデータをもとに答えを導く可能性があるからです。探究で得られた知見は最後に他者と共有するので、間違った答えを共有してしまう可能性があります

⑥ 情報収集力は多様な価値観の人と仕事を進めるためには必要で

す。誰が聞いても納得してもらえる根拠を示し信用してもらう
ためには情報収集が重要になります

⑦ 情報収集する習慣を付けることは社会的信用度を高めることに
つながります

情報収集の際の基本事項 (1)

① 自分自身の知識を把握する（メタ認知）

情報収集を行う前に、まずは自分自身がどの程度の知識を持って
いるかを把握しておかなければなりません

② 用語を調べる（定義を知る）

情報収集の第一歩は、用語（語句）の意味をしっかりと調べること
です。ある用語の定義や正確な意味を知らなければ、的外れな情
報を集めることになったり、勘違いしたまま研究や調査を行って
いくことになったりしてしまいます

③ 複数の情報源を調べる（信憑性を確認）

情報収集において、一つだけの情報源の情報を鵜呑みにしてしま
うのは危険なことです。クリティカルシンキング（批判的思考力）
をはたらかせ、情報の信憑性を複数の情報源にあたることで確認
します

④ 調べた情報を記録しておく（情報をまとめておく）

調べた情報は必ずメモ等の記録をとっておきましょう。人間の記
憶力は弱いので、すぐに忘れてしまったり、曖昧になってしまい
ます。論文や発表を行う際に参考文献を記載したり、文章を引用
したり（詳細は引用の仕方や参考文献の書き方で学習予定）するため、
情報は「いつ」、「どこで」得たものかを明確にしておかなければ、
信頼性にかけ、使えない情報となってしまいます

Ⅱ 情報源について

Ⅱ-1 情報源の特性を知る (2)

　私たちは様々な情報源を使って、情報を収集しています。以下は主な情報源とその特徴です。

インターネット（Web サイト）

- 速報性に優れ、リアルタイムの情報を取得できる
- 世界中の情報を瞬時に検索できる
- 誰でも情報が公開できるため、その信頼性の判断には十分な注意が必要
- 検索サイトはインターネット上に公開されている情報をキーワードなど使って検索できる
- 総合辞書は、500 以上の専門書・国語辞典・百科事典から検索できる

テレビ・ラジオ等

- 速報性に優れている。実録として説得力がある
- 映像が持つ影響力やインパクトが強い
- 情報量が少なく、断片的な情報である
- 捏造などがありうるので十分な注意が必要

新聞・一般雑誌

- 出版間隔が短いので、速報性は高め
- 新聞は時事問題に適している。新聞社によって記事の観点が異なる
- 特集記事を読めば、その出来事について、その時点でのひととおりの知識は得られる

- 雑誌は必ずしも中立でない場合がある

論文・学術雑誌

- 査読により審査されており、引用や参考文献を明記してあるため、信頼性は高い
- データベース化されることが多い
- 学術雑誌の多くはデジタル化されて、電子ジャーナルとしてインターネットを通じて読める
- 読解には専門的な知識が必要とされる場合が多い

図書（本）

- 編集者などのチェックを受けてから出版されるため、信頼性は高め
- 出来事が起こってから時間がたっている分、多くの情報が蓄積されている
- 出版まで時間がかかるので、速報性は低い。発行年度によっては情報が古い
- テーマによっては出来事からまだ時間がたっておらず出版されていない場合もある

データベース（統計資料）

- 国や地方自治体などが発信する公的な統計は信頼性が高く、無料である
- 公的機関によって作成される統計類は、基本的に前年度の結果をまとめたものが公表される
- インターネット上でも公開が進んでいる
- 民間の企業などが専門調査をしたビジネスデータなどは、有料のものがある

Ⅱ-2 情報を批判的に考える [(3)]

(1) 捉え方・見方に偏りはないか

　同じ事柄であっても、立場や考え方によって、捉え方・見方は変わります。それが、どのような立場からの意見なのか、その見方をすることによって得をするのが誰なのか、逆に損をするのは誰なのかを吟味しましょう。その文章が書かれたねらいや前提を考えるとともに、書かれていない異なる立場からの意見や見方に常に意識を向けることが必要です。

(2) その根拠は、いつ、どこで、誰が、そのように発言したことなのか

　例えば、「日本人の多くがそう考えている」と書かれていた場合、その「多く」とは何人くらいのことなのでしょうか。それが調査結果の場合には、数量だけでなく、調査対象にも注意する必要があります。対象の年齢、性別、地域、対象数など、どのように行われた調査なのかを精査して妥当性と信頼性を確認する必要があります。

(3) 形容詞や副詞は正しく使われているのか

　形容詞や副詞は書かれたことの印象を強める働きをします。「非常に」「大部分」「激減」「激増」などといった強調する表現が用いられている場合、本当に「非常に」なのか「大部分」なのか著者の主観や誇張ではないのかを注意します。もし、何か根拠があってそうした表現が用いられている場合には、そのもとになっている具体的な数値を確認しましょう。

（4）どのような語尾になっているのか

「〜らしい」「〜だと考えられる・思われる」「〜だろう」と言った断定ではない表現が使用されている場合は注意が必要になります。それらはあくまで筆者の推測の範囲であることを踏まえる必要があります。

 # 情報収集の方法とその整理・保存

Ⅲ - 1 収集する情報の種類と活用法

- **数値化した（定量）情報**
  調査したり、実験するときには主に数値データが用いられます。調査や実験においてはデータを数値化して分析することが多いです。

- **言語化した（定性）情報**
  インターネットや文献で調べたり、観察したり、インタビューをすることで入手できます。調査や実験で得られた数値からでは得られない、言葉や行動といった重要な情報を画像などから得られます。なぜ、どのように、という疑問に対しての答えを知る際に有効です。

Ⅲ-2 情報の整理・保存

（1）メモを取る⁽⁴⁾

〈メモを作成する理由〉

　話し言葉による情報はその場で消えてしまいます。記憶に留められるのなら良いのですが、全てを完璧に記憶することは困難です。録音するという方法もありますが、もう一度聴き直すのにかなりの時間を費やしてしまいます。簡略にメモをとっておけば重要な情報を正確に短時間で確認することができます。

　重要な情報を聞き取るために留意する点については下記の通りです。

- When（日時）Where（場所）Who（人物）What（中心的な話題）
- Why（原因、理由）How（手段、方法）How much(many)（数量）

また、メモを作成する際に工夫すべき点については以下の通りです。

① 項目名（見出し）をはっきりと書く

　何についてのメモなのかがはっきりと分かるように項目を大きく

　目立つ部分に書きます

② 作成した日付やメモの順番を示す通し番号を書く

　メモの順序が混乱しないよう必ず書きます

③ 数字と固有名詞に注意する

　数字(数量・日付など)や固有名詞は情報として重要であり、それ

　らを間違えたり忘れたりするとその情報が後で使えなくなってし

　まいます

④ カタカナ表記や記号・矢印を利用する

　メモを取るときには速さが必要なので適度にカタカナや記号を用

　いると効果的です

（2）情報を記録する [(5)]

　自分が発表するときに、その内容は何で得た情報に基づいているのかその情報源を常に明らかにしておきましょう。そのためには情報源を整理して保存しておく必要があります。
→この資料が何であるかを明確に示せない場合には、資料も自分の考えも信憑性に欠けることになってしまいます

　自分が必要になったときに、情報をすぐ取り出せるようにする。何の情報なのかどこに保存してあるかを明確にするために、文献リストをつくります。

① 見出しをつけてファイリングボックスなどに紙媒体で保存します
② パソコンのハードディスクや USB メモリーに PDF ファイルなどにして保存します。何かとの関連を調べたい場合や、並べ直したいなどの場合には Excel を使ってデータベースを作成しておきます

→ Excel では、データを項目ごとに並べ替えることのできるソート機能や自分の必要な情報だけを検索し取り出すことのできるオートフィルター機能などが利用できます

【表 5- Ⅲ -1】情報の記録方法

図書の場合	著者名、書名、出版社名、出版年、掲載ページ
雑誌の場合	執筆者（記者・文責者）、記事タイトル、雑誌名、巻号数、掲載ページ
雑誌の論文の場合	著者名、論文名、発行機関名、雑誌名、発行年月日、巻号数、掲載ページ
新聞の場合	記者名、記事名、新聞社名、発行年月日、朝刊・夕刊の別、掲載面
講演の場合	講演者名、講演タイトル、日時、場所、主催
インターネットの資料の場合	サイト運営主体、記事の日付、最終閲覧日、タイトル、サイトの URL

文献を調べて必要性を感じたら以下のような表にまとめておくとよいでしょう。

【表5-Ⅲ-2】文献整理表の例

番号	著者名	タイトル	
URL/ 出版社など		発行年	参考ページ
気づいたことのメモ			

(3) 引用と盗用との違い [6]

　引用とは「古人の言や他人の文章、また他人の説や事例などを自分の文章の中に引いて説明に用いること」(「大辞林第三版」三省堂)とあります。

　引用については、「第32条　公表された著作物は、引用して利用することができる。この場合において、その引用は、公正な慣行に合致するものであり、かつ、報道、批評、研究その他の引用の目的上正当な範囲内で行なわれるものでなければならない。(著作権法)」と定められています。

　なお、文化庁から、「引用における注意事項」として、以下のように示されています。

〈引用における注意事項〉

　他人の著作物を自分の著作物の中に取り込む場合、すなわち引用を行う場合、一般的には、以下の事項に注意しなければなりません。

　① 他人の著作物を引用する必然性があること

　② かぎ括弧をつけるなど、自分の著作物と引用部分とが区別されてい

ること

③ 自分の著作物と引用する著作物との主従関係が明確であること（自
　　分の著作物が主体）

④ 出所の明示がなされていること（著作権法　第 48 条）

　盗用とは、「他人のものを盗んで使うこと。許可を得ないで用い
ること」（「大辞林第三版」三省堂）とあります

　文化庁からの「引用における注意事項」が守られていなければ、意
図的な場合はもちろん、そうでなかった場合でも、それは盗用である
と見なされます。

　これらのことを踏まえ、引用する際は、自分の文章と引用文を明確
に区別し、わかりやすく出典を明記しておくことが必要となります。
まとめ・表現において、論文やレポートなどを作成する際、コピー＆
ペーストは正しい引用の場合（引用して反論する、引用して自分の説を
主張しやすくする場合）は構いませんが、引用と明らかにしないで、自
分の説として出さないようにしましょう。そのようなときに、情報の
整理・保存及び自分の意見との区別は大切になってきます。ですから
情報を整理し保存する場合には、目的に応じた整理・保存が必要になっ
てきます。

Ⅳ　学習指導要領における情報収集 (7)

　課題意識や設定した課題を基に、学習者が、観察、実験、見学、調査、
探索、追体験などの学習活動を行うことによって課題の解決に必要な
情報を収集します。

　情報収集という学習活動では、そのことを学習者が自覚的に行う場

合と無自覚的に行っている場合とがあります。

　例えば、目的を明確にして調査したりインタビューしたりするような活動や、条件を制御して行う実験などでは、自覚的に情報を収集していることになりますが、体験活動に没頭したり、体験活動を繰り返したりしている時には、無自覚のうちに情報を収集している場合が多いでしょう。

　そうした自覚的な場と無自覚的な場とは常に混在しているものの、課題の解決や探究活動の過程においては、学習者が自覚的に情報を収集する学習活動が意図的に展開されることが望ましいといえます。

　こうした場面においては、以下のように学習者が配慮すべき幾つかの事項があります。

（1）収集する情報は多様であり学習活動によって変わる

　例えば、調査したり、実験をしたりすれば数値化した情報を収集することができます。インターネットや文献で調べたり、インタビューをしたりすれば言語化した情報も手に入れることができます。実際に体験談を聞けば「便利になったのだ」「もったいないことをしているな」といった主観的で感覚的な情報が得られます。

　どのような学習活動を行うかによって収集する情報の種類が違うということであり、その点を十分に意識した学習活動が行われることが求められます。特に、総合的な探究の時間では、体験を通した主観的で感覚的な情報だけでなく、数値化された客観的な情報などを幅広く多様に収集することが大切であり、そうした情報が学習者の課題の解決や探究活動を質的に高めていくことにつながります。

（2）　課題解決のための情報収集は自覚的に行う

　具体的な体験活動が何のための学習活動であるのかを自覚して行うことが望ましいです。体験活動自体の目的を明確にし、そこで獲得される情報を意識的に収集し蓄積することが大切です。それによって、どのような情報を収集するのか、どのような方法で収集するのか、どのようにして蓄積するのか、などの準備が整うことになります。

（3）　収集した情報は適切な方法で蓄積する

　数値化した情報、言語化した情報などは、デジタルデータをはじめ様々な形のデータとして蓄積することが大切です。その情報がその後の探究活動を深める役割を果たすからです。収集した場所や相手、期日などを明示して、ポートフォリオやファイルボックス、コンピュータのフォルダなどに蓄積していきます。その際、個別の蓄積を基本とし、必要に応じてホームルームやグループによる共同の蓄積方法を用意することが考えられます。

　一方、適切な方法で蓄積することが難しいのは感覚的な情報です。体験活動を行ったときの感覚、そのときの思いなどは、時間の経過とともに薄れていき、忘れ去られます。しかし、そうした情報は貴重なものであり、その後の課題解決に生かしたい情報でもあります。

　したがって、体験活動を適切に位置付けて行うだけではなく、体験で獲得した情報を作文やカードなどで言語化して、対象として扱える形で蓄積することにも配慮が必要です。

　また、こうした情報の収集場面では、各教科・科目等で身に付けた知識や技能を発揮することで、より多くの情報、より確かな情報が収

集できます。

　なお、情報の収集に際しては、必要に応じて教師が意図的に資料等
を提示することも考えられます。

Ⅴ　情報収集の主な方法

　知らないことに遭遇したときに大きく分けて二つの方法をとること
があります。一つは文献で言葉の意味や過去の事例を調べることです。
もう一つは自ら調査をすることです。

【図5-Ⅴ-1】情報収集の主な方法

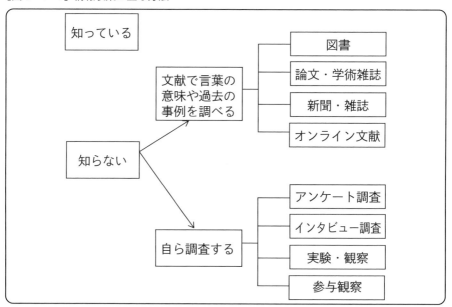

Ⅴ - 1　文献で言葉の意味や過去の事例を調べる

（1）読解力

　文部科学省では、2005（平成 17）年に PISA（読解力）の結果を
受けて、その結果分析と改善の方向の中で、読解力について、「自ら
の目標を達成し、自らの知識と可能性を発達させ、効果的に社会に参
加するために、書かれたテキストを理解し、利用し、熟考する能力」
と定義をしました。

　そのねらいとして、文章のような「連続型テキスト」及び図表のよ
うな「非連続型テキスト」を幅広く読み、これらを広く学校内外の
様々な状況に関連付けて、組み立て、展開し、意味を理解することと
しています。この読解力の特徴として、以下の点を挙げています[8]。

【資料 5- Ⅴ -1】「平成 16 年度臨時全国都道府県・指定都市教育委員会指導主事会議」配布資
料 / 資料 4 - 6　PISA（読解力）の結果分析と改善の方向（要旨）平成 17 年 1 月 19 日

- テキストに書かれた情報を理解するだけでなく、「解釈」し、「熟考」
  することを含んでいる
- テキストを単に読むだけでなく、テキストを利用したり、テキスト
  に基づいて自分の意見を論じたりすることが求められている
- テキストの内容だけでなく、構造・形式や表現法も、評価すべき対
  象となる
- テキストには、文学的文章や説明的文章などの「連続型テキスト」
  だけでなく、図、グラフ、表などの「非連続型テキスト」を含んで
  いる

（2）文献を調べるには読む力を付ける [(9)]

　文献の内容をより正確に把握していくためには、インテンシブ・リーディングを使いながら読んでいきます。インテンシブ・リーディングでは、文章の一つ一つを丹念に読んでいくことが基本になります。しかし、すべての部分をまったく同じようにていねいに読む必要はありません。

　なぜなら、文章全体の中には、必ずしも精読しなくてもよい、重要でない部分が含まれているからです。この重要でない部分を丹念に読んでもあまり意味はありません。インテンシブ・リーディングを行う際には、どの部分を丹念に読んでいくかという、重要な部分とそうでない部分とを選別することが大切です。

---

① わからない言葉の意味

　チェックしておいたわからない言葉の意味がわかったら、それを余白に書いておきます

② 疑問点

　よくわからない部分についても、どの点がわからなかったのかを具体的にメモしておきます。後で考えるときに便利です

③ ポイント

　内容のまとまりごとに、そのポイントを余白に書き込んでおきます。全体のつながりがひと目でわかるようになります

④ 囲みや矢印を使い、視覚的にする

　マークだけでなく、線を利用し、できるだけ視覚的に内容を把握できるようにしておきます。まとまりのある部分を線で囲んだり関係ある部分を線や矢印で結んだりします。そうすると、文章のまとまりや、相互の関係が一目でわかるようになります

【図 5- Ⅴ -2】文章構造分析のフロー

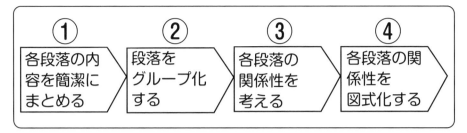

(3) 文章の構造を分析する [10]

　インテンシブ・リーディングにおいては、文章それぞれの内容を正確に理解するだけでなく、全体の構造も正確に把握する必要があります。なぜなら、文章の各部分は全体の構造との関連で初めて意味を持つものだからです。精読するときには、文章全体の構造がどうなっているかを、常に気にしながら読んでいくことが大切です。文章の構造を把握するためには、文章構造を視覚的に図式化することが重要です。文章と文章の関係を図によって示すことで、議論の流れがより明確になり、複雑な構造を持った議論でも、比較的容易な構造となることができます。

①　**各段落の内容を簡潔にまとめる**

　　段落ごとにその内容を把握します。その段落で言われていることで、最も重要なことは何かを考えながら、その内容を的確なフレーズで表現します。段落のキーワードを探し出してそれを入れましょう

②　**段落をグループ化する**

　　段落同士のつながりに注意しながら、段落をグループ分けし、段落ごとに短い表題を付ける

③ 各段落の関係を考える

　段落がどんな意味を持つもの（役割）なのかを分析します。

　主　張：書き手の意見を述べている部分

　理　由：根拠となる考え方や裏付けとなるデータ

　説　明：事柄の内容や意味を、よく分かるように解き明かすこと。

　　　　　ある事柄について、よくわかるように述べること

　具体例：抽象的な内容のことを述べるときに、分かりやすく説

　　　　　得力のあるものにするために示される例

④各段落の関係を図式化する

　各段落の関係をわかりやすく図式化します。図式化については各

　部分の役割と相互の関係を視覚的に理解できるように工夫します

V - 2 自ら調査する

(1) アンケート、インタビュー、観察・実験の比較

	調べたい内容	メリット	デメリット
アンケート	複数の人の意見や考え方が知りたい	定型化することで、安定した回答が得られる。多人数に同時に調査ができる	集計データを正しく理解・解釈するために統計の知識が必要
インタビュー	特定の人に意見や考えを深く聞きたい	その分野に詳しい人から深い情報を得られる	インタビュー対象者を慎重に決める必要がある
観察・実験	対象に与える刺激や時間によって起こる変化を知りたい	変化の有無がはっきりわかる	特別な器具や専門的な技能を持った人の協力が必要な場合がある
参与観察*	問題や関心を抱いた組織等にその一員として参加しながらデータを収集する方法	外側から認識できなかった側面や実態を把握できる。インタビューや文献では得られない情報を聞きだせる。	観察者本人の主観が混じった不適格な観察や恣意的な推論が介入しやすい。長期間その集団に加わるので授業としては難しい

＊参与観察については、探究では取扱う例が希少なので参考として掲載

114

(2)　アンケート⁽¹¹⁾⁽¹²⁾

① アンケート調査の特徴

アンケートは、予め用意した質問に対して、一度に多くの対象者から回答を得ることができます。調査対象の傾向を調べることで、事実を確認したり、課題を発見したり、課題を解決するときの手がかりになったりします。結果を集計することで様々に活用することができます。考察する際には、アンケート結果の数字だけで判断することのないよう、様々な他の資料などと組み合わせて考えるとよいでしょう。結果の処理については専門的な知識が必要になる場合もあります

② アンケートを実施する前の準備

アンケートは、質問用紙を作成するだけでなく、答えてもらう相手（回答者・対象）を探したり、回収して分析したりすることが必要になるので、調査を行う前に、周到に準備する必要があります

③ アンケートの目的の明確化

はじめに、アンケートは何のために、その結果としてどんなことを知りたいのかを明確にします。これにより、いつ、誰を対象に、どこの地域で、どのようなアンケートを行うかが決まります

④ アンケートの分類

アンケートの種類はさまざまです。対象は誰なのか、どこで実施されるものなのか、によって分類できます。例えば、以下のようなアンケートが考えられます

ⅰ）学内の環境改善アンケート

教員・生徒の学校生活満足度アンケート、ストレスチェック

などのためのアンケート等

ⅱ）**会場アンケート**

　発表会アンケート・講演会アンケート等

ⅲ）**住民アンケート・授業評価アンケート**

　地域や学校で行われるアンケート等

⑤**アンケート用紙での回答**

　専用の用紙に回答を記入してもらう方式のアンケートは、手軽であり、幅広い年代の人に回答してもらいやすいのが特徴です。特に、パソコンやスマートフォンに慣れていない人にも回答してもらうことができます。

　デメリットとしては、

- 回答してもらった結果の集計や分析に手間がかかる
- 回答を入力している際に、誤字脱字や判読不能な手書き文字がある
- 大量のアンケート用紙を作る場合、コストがかかる

アンケート用紙への回答が適しているアンケートとしては

- 店頭でのアンケート：店頭には幅広い年齢層の方がやってくる。手軽なので回答しやすい
- セミナーアンケート：空いた時間に記入できればさらに回答率が高まる

⑥ **web アンケートでの回答**

　パソコンやスマートフォンから web アンケートで回答してもらう方法です。紙に出力しないのでコストを削減できます。なお、集めた回答を簡単に集計することが可能です。誤字や脱字が少ないので、有効回答が減ってしまうことはあまりありません。

　デメリットとしては、

- 事前に専用の web ページを作成したり、システムを準備したりしなければいけない
- パソコンやスマートフォンに不慣れな人からの回答は得られにく

い。回答率は激減します

webアンケートによる回答が適しているアンケートしては

- 展示会アンケート：展示会ならブースにタブレットを設置しておくと、手軽に回答してもらうことができる。若年層対象のイベントならば回答率は上がる
- 大型イベントでのアンケート：大型イベントは会場でのアンケート回収が難しいという点で、webアンケートフォームが向いている。若年層対象のイベントならば回答率は上がる

⑦ アンケート実施の手順

[実施前]

① 目的を明確にし、調査対象とする人間や調査対象の必要人数などについて検討する

② 調査のやり方を決める（アンケート用紙に記入、電話、パソコンなど）

[実　施]

③ アンケートの作成

　i）アンケート項目

　ii）答え方（選択か記述か）

　iii）選択肢の決定

※留意事項

① 質問項目の順に配慮する（できれば、答えやすいものから順に並べる）

② 質問文は明瞭簡潔にする

- 意味や範囲が不明確な言葉は使わない（時々、しばしば、たまになど）
- 一つの質問項目で複数のことを聞かない（例：「学校の雰囲気と家からの距離はいかがでしたか」等）

③ 回答時間が相手の負担にならないように工夫する

④ 回収しやすいように工夫する（QRコード、切手付き封筒を同封等）

④ 実施依頼書の作成

　　相手を配慮した調査協力の依頼と必要に応じて、個人情報保護法に基づいた文言（「このアンケートはこの目的以外には使用しません」等）を入れる

[実施後]

⑤ 結果の集計と分析をする

⑥ 協力対象者にお礼状を送る

⑦ 必要に応じてどのように使いどのような結果が出たのかを協力対象者に報告する

【実施依頼文（例）】

本校の生徒に身に付けさせたい能力や態度について
アンケートご協力のお願い

　私たち○○推進委員会では、本校生徒に 3 年間で身に付けさせたい能力や態度について、先生方のお考えを調査したいと考えております。
　その結果を皆様にご報告することによって、「総合的な探究の時間」を中心に、学校のすべての教育活動を教職員が一致して展開することで、その育成を図っていけるものと考えております。
　なお、アンケートは、○月○日 17 時までに、担当の○○までにご提出ください。
　アンケートの目的にご賛同いただき、皆様のご協力をお願い申し上げます。

2021 年○月○日

○○○○推進委員　○○　○○

【アンケート作成（例）】

(1) あなたは、育成を目指す三つの力のうち、どれが一番大切だと思い
ますか
①知識・技能　②思考力・判断力・表現力　③学びに向かう力・人
間性

(2) あなたが考える、本校生に身に付いていない能力はどれですか（2
つ選んでください）
①知識・技能　②課題発見力　③批判的思考力　④課題解決力
⑤挑戦力　⑥行動持続力　⑦主体性　⑧公共心　⑨傾聴・発信力
⑩人間関係形成力

(3) あなたはどんな能力を本校の生徒に身に付けてほしいですか（2つ
選んでください）
①知識・技能　②課題発見力　③批判的思考力　④課題解決力
⑤挑戦力　⑥行動持続力　⑦主体性　⑧公共心　⑨傾聴・発信力
⑩人間関係形成力

(4) 上記以外で、あなたはどんな能力や態度を本校の生徒が身に付けて
ほしいですか。下の枠内にご自由にご意見をお書きください。

(3) インタビュー [(13)]

① インタビュー調査の特徴

二人かそれ以上の間での会話で、一方が他方に質問をして情報を
得るために行われるものです。インタビューは、ある物事に対

してその人がどのように考えているかを質問したり、また、ある注目の人物が何を考えているかを質問することによって、その人の人となりを浮き彫りにしたりするために行います

② **インタビューの目的の明確化**

自分が何を知りたいのかを明確にし、いつ、どこで、誰に、どのようなインタビューを行えば、適切な情報を収集できるかを考えます

③ **インタビュー実施の手順**

[実施前]

① インタビューによる調査目的を明確にして、誰に何を聞くのがよいのかを検討する

② 調査する対象者が決まったら依頼する（調査者の氏名、身分、所属を明らかにする）

③ インタビュー調査の趣旨説明、調査研究の目的や意義について対象者に説明する

④ アポイントメント（いつ・どこで・どのくらいの時間が取れるかの確認）を取る

⑤ 聞きたいことや相手のことについてよく調べ、質問項目を整理しておく

⑥ インタビュー項目や質問する順番を考える

[実　施]

① 挨拶し、必要に応じて記録のために録音録画の許可を求める

② 相手の様子を見ながら、自分の聞き出したいことを誠意をもって質問する

③ 質問したいことを明確にして質問する

④ ポイントとなりそうなことはより詳しく尋ねるようにする

⑤ 自分の言葉で置き換えてみて、相手の言いたいことを自分が理解しているかを確認する

⑥　メモを取る（記録する目的とは別に「話を聞いている」という姿勢を伝えることができる）

[実施後]

① 発言内容を忠実に文字化したものを作成する

② 調査の目的と照らし合わせながら、インタビュー内容をまとめていく

③ 内容について、解釈の違いがないかを参加したメンバーで確認する

④ インタビュー内容の解釈が間違っていないか、確認してもらうとともに、活用の仕方を報告する

⑤ 文字にして先方が確認できるようにし、完成品をお礼状とともに送る

④ インタビューの質問の仕方

質問は、わからないことを教えてもらうだけのものではありません。効果的な質問をすることによって、相手もそれまで気づかなかったような考えが思い浮かんだり、話が発展したりします。以下に、質問の方法としてオープン・クエスチョンとクローズド・クエスチョンをあげます。

・　オープン・クエスチョン

質問に対する答え方が決まっておらず、回答者が自由に答えられる質問の仕方です。例えば、「○○についてどう思いますか」「○○とはどういうことですか」などです

・　クローズド・クエスチョン

「はい」又は「いいえ」、あるいは簡単な一言で答えられる質問の仕方です。例えば、「○○に賛成ですか」「就職されて何年目ですか」などです

[演習]

どのようにして聴くと相手は話しやすいかを体験しながら考えよう

相手の話を「聴く」練習をしてみましょう。三人一組になり、聞き手、話し手、観察者を決め、それぞれ異なる役割を果たしながら、どのよ

うな状況がそこに起こるかを考えてみよう

〈例1〉

話し手は自分が最近もっともうれしかったことを話してください。そのとき聞き手は、つまらなそうな顔をするとか、否定的な言葉を投げかけてください。例えば、「でもね」「そんなこといってもね」など、とにかく否定的に。時間は90秒です

＊下の三つの欄はコピーして続く三つの命題に対して使用してください

【話し手】

【聞き手】

【観察者】

〈例 2〉

> 話し手は、自分にとって、もっとも大切にしていることを話してください。そのとき、聞き手は、絶対に否定しないで、とにかく相槌を打って、その話に同意してください。
> 時間は 120 秒です

＊左頁の三つの欄をコピーして上の命題に対して使用してください

〈例 3〉

> 話し手は最近もっとも困っていること、悩んでいることを話してください。そのとき聞き手は、自分の考えを言わずに、話の節々で、相手の話を掘り下げるような質問をしてください。時間は 180 秒です

＊左頁の三つの欄をコピーして上の命題に対して使用してください

〈例 4〉

> どのようにして聴くのが相手は話しやすいかで得られた新しい気づき（学び）をまとめてください

［演習］

どのように問いかければ相手は話しやすいか

　質問者と回答者の役割を決め、下の①、②を交互に行ってください。その後、オープン・クエスチョン、クローズド・クエスチョンのメリット・デメリットについて感じたことを話し合ってください。

> ①　2人組になり、互いに都市をイメージしてください。それぞれ5回、その都市名を当てるための問いかけをしてください。ただしそれは**「はい」か「いいえ」で答える**質問をしてください。5回目の質問が終わったところでイメージした都市の名前を当ててください

> ②　2人組になり、互いに都市をイメージしてください。それぞれ5回、その都市名を当てるための問いかけをしてください。ただしそれは**「はい」か「いいえ」では答えられない**質問をしてください。イメージした都市の名前を当ててください

【オープン・クエスチョンのメリット・デメリット】

【クローズド・クエスチョンのメリット・デメリット】

①のように「はい」か「いいえ」でしか答えられない質問をクローズド・クエスチョンといい、②のように「はい」か「いいえ」では答えられない質問をオープン・クエスチョンといいます。

それぞれの質問の仕方で感じたことをグループで話し合ってください

⑤ インタビューの仕方のバリエーション

一般にクローズド・クエスチョンは答えやすいですが、話が広がったり、深まったりしにくい特徴があります。

オープン・クエスチョンは話の広がりや深まりを促すことはできますが、答えにくかったり、収束しにくかったりなどの特徴があります。

クローズド・クエスチョン、オープン・クエスチョンの質問を組み合わせることによって、インタビューの仕方にバリエーションを作ることができます。

〈インタビューの仕方のバリエーション例〉

- オープン→オープン　　：話を広げるとき
- オープン→クローズド：観点を探してから話を絞るとき
- クローズド→オープン：観点を絞ってから話を深めていくとき
- クローズド→クローズド：曖昧な点を絞り込んでいくとき

V-3 観察・実験・調査 [(14)]

理科や数学の分野に関係する実験・観察・調査については、「理数探究基礎」を参考にするとよいでしょう。探究の過程における情報収集については、「理数探究基礎」の課題解決の過程（仮説の設定⇒検証計画の立案⇒観察、実験、調査等⇒結果の処理）になります。

（1）観察、実験、調査等についての技能

学習者は観察、実験、調査等を自身で行えるように、その基礎となる以下の知識・技能を教師から学び、身に付ける必要があります。

- 安全かつ正確に使用できるよう観察、実験器具の基本的な操作や、

データを収集する方法、サンプルの抽出方法など

- 観察、実験の目的を明確にして適切に条件制御等を行い、見通しをもった計画の立て方。その際、データの質を高め、データの量を集めて観察、実験、調査等の信頼性を高めるようにする

- 得られたデータについて、事後の再現性を意識させ、適宜写真や動画なども用いつつ、活動の日時、内容も含め、後で確認ができるよう結果等を全て記録に残すこと

【図 5- Ⅴ -1】資質・能力を育むために重視する数学・理科にわたる学習過程のイメージ（中央教育委員会答申を一部修正）

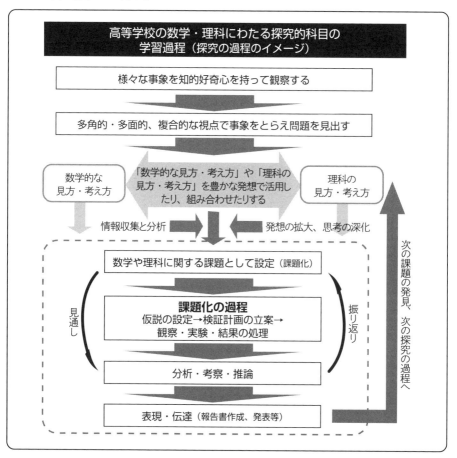

(2) 課題解決の過程

　課題解決の過程としては、はじめに仮説を設定し、どのように検証していくかの計画を立案します。 それに基づいて、観察、実験、調査等を行い、その結果を処理します。
- 仮説が立てられたら、検証計画の立案を行います。その際、類似の先行研究などを参考にして、仮説を検証するために、どのような観察、実験、調査等を行い、どのような分析を行うかなどの見通しを持ちます
- 与えられた条件（時間や環境）の中で検証するためには、利用できる機材や材料、得られる情報、用いることができる知識及び技能、検証に要する時間などを把握します
- 検証計画の立案が困難な場合も考えられるが、粘り強く考えさせ、教師や他の学習者と意見交換などを通して、探究の方向性を再検討したり、方法を工夫したりすることで、解決の糸口を見いだします

(3) 観察、実験、調査等の結果の捉え方

　仮説は、事実に沿って検証されるので、観察、実験、調査等の適切な手法によって、データの信頼性が保証されている必要があります。
- 観察、実験、調査等の結果から仮説が支持された場合は、仮説を暫定的に正しいとして、更に広い対象に適用できるかを検討することなどが考えられます
- 観察、実験、調査等の結果から仮説が支持されない場合は、仮説を棄却し、新たな仮説による課題の解決を行うことが考えられます。ただし、仮説が支持されないと学習者が判断している場合でも、検証方法が妥当であったか、得られた結果が信頼できるものであった

かなどを再確認させる必要があります

【引用・参考文献】

(1) 山田 剛史ほか . 大学生のためのリサーチリテラシー入門—研究のための 8 つの力 . ミネルヴァ書房 ,2011. p 66-68. 参照
(2) 市古みどりほか . アカデミック・スキルズ資料検索入門レポート・論文を書くために . 慶応義塾大学出版会株式会社・2014.p.37-40 参照
(3) 市古みどりほか . アカデミック・スキルズ資料検索入門レポート・論文を書くために . 慶応義塾大学出版会 .2014. p.49-51 参照
(4) 河合塾 PROG 開発プロジェクト . 問題解決のためのリテラシー強化書 . 河合塾 .2013.p.20 参照
(5) 河合塾 PROG 開発プロジェクト . 問題解決のためのリテラシー強化書 . 河合塾 .2013.p.24-25 参照
(6) 浅川倉方法律事務所 . 引用と盗用（転載）の違いは？　https://fuhyotaisaku-law.com/basic-term/quotation-reprinted-for-stealing　参照　最終閲覧日 2021.6.27
(7) 文部科学省 . 高等学校学習指導要領(平成 30 年告示)解説総合的な探究の時間編 . 学校図書 .2019. p.125-126 参照
(8) 文部科学省 .「平成 16 年度臨時全国都道府県・指定都市教育委員会指導主事会議」配布資料 資料 4・6　PISA（読解力）の結果分析と改善の方向（要旨）.2005. 参照
(9) 中澤務ほか . 知のナヴィゲーター . くろしお出版 ,2007. p .51-53. 参照
(10) 中澤務ほか . 知のナヴィゲーター . くろしお出版 ,2007. p .53-55. 参照
(11) 河合塾 PROG 開発プロジェクト . 問題解決のためのリテラシー強化書 . 河合塾 .2013.p.25-27 参照
(12) ユミルリンク株式会社 . 紙と Web どっちでやるべき？選ぶべきアンケートの種類と取得のコツをシーン別に解説！　https://www.cuenote.jp/library/marketing/enq-utilization4.html 参照　最終閲覧日 2021.6.27
(13) 河合塾 PROG 開発プロジェクト . 問題解決のためのリテラシー強化書 . 河合塾 .2013.p.28-29 参照
(14) 文部科学省 . 高等学校学習指導要領（平成 30 年告示）解説理数編　東京書籍 .2019.p.14,p.20-23,p.40-42. 参照

第 6 章
整理・分析

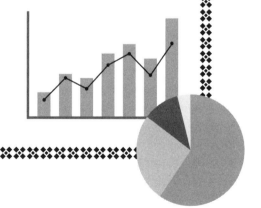

Ⅰ 整理・分析について[(1)]

　整理とは、課題の解決にとって、収集した情報が必要かどうかを判断し取捨選択することや、解決の見通しにしたがって、収集した情報を順序よく並べたり、書き直したりすることなどを行うことを言います。また、分析とは、整理した情報を基に、比較・分類したりして傾向を読み取ったり、因果関係を見つけたりすることをいいます。

　探究の過程の一つである整理・分析は、情報収集によって収集した多様な情報を、整理したり分析したりするプロセスであり、そこでは、思考や判断をする学習活動が行われています。

　収集した情報は、一般にそれ自体はつながりのない個別なものが多いです。そのために、必要に応じて、それを種類ごとに分けるなどして整理したり、細分化し因果関係を導き出したりして分析を行うことが出てきます。しかし、このような活動を行うことで、整理・分析の過程において、思考力や判断力が身に付くといわれています。

Ⅱ 整理・分析を行うときの留意事項[(2)]

Ⅱ-1 学習者自身が情報を吟味する

　自分が見たこと、人から聞いたこと、図書やインターネット等で調べたことなど、様々な情報が集まってきます。特に情報通信技術の発達により、インターネット等で大量の情報に接することが容易となった今日においては、どのように入手した情報なのか、どのような性

格の情報なのかということを踏まえて整理を行うことが必要になります。図書やインターネット等で示されている情報をそのまま客観的な事実として捉えがちですが、実際には、統計などの客観的なデータや当事者が公式に発表している一次情報だけでなく、誰かの個人的な意見であったり、他所からの転用であったりする情報も多くあります。したがって、一旦収集した情報を整理する段階で吟味することが重要になります。

Ⅱ-2 情報の整理や分析を行う方法の決定

　情報の整理の仕方は数値化された情報と、言語化した情報とでは扱い方が違ってきます。また、情報の分量が多いか少ないかによっても扱い方は変わってきます。

　したがって、情報に応じて適切な整理や分析の方法を考え、選択する必要があります。

数値化された情報の場合

- 統計的な手法でグラフにする。使われるグラフは、折れ線グラフ、棒グラフ、円グラフ、ヒストグラムなど様々なものがある
- 標本調査の考え方を利用して母集団の傾向を探る
- 表計算ソフトを使って情報を処理する（ICTの活用）

言語化された情報の場合

- カードにして整理する方法、出来事を時間軸で並べる方法、調査した結果をマップなどの空間軸に整理する方法など
- 複数の整理された情報を関連付けることなど

Ⅱ-3 情報の整理・分析を意識的に行う

　情報を整理したり分析したりするときに、比較して考える、分類して考える、序列化して考える、類推して考える、関連付けして考える、原因や結果に着目して考える、などを意識しながら行うことが重要なことです。高等学校学習指導要領（平成 30 年）解説総合的な探究の時間編では、何を、どのように考えるのかを意識し、思考を可視化するための思考ツールとして「考えるための技法」を示しています。それを活用することで、整理・分析の場面での学習活動の質を高めることができ、その結果として、未知の状況にも対応できる思考力・判断力・表現力等を身に付けることができると考えられています。

Ⅲ 「考えるための技法」の活用(3)

Ⅲ-1 「考えるための技法」とは

　学習指導要領における内容の取扱いについての配慮事項には以下の内容の記載があります。

> (4) 探究の過程においては、他者と協働して課題を解決しようとする学習活動や、言語により分析し、まとめたり表現したりするなどの学習活動が行われるようにすること。その際、例えば、比較する、分類する、関連付けるなどの**考えるための技法**が自在に活用されるようにすること。
>
> 高等学校学習指導要領　第3　指導計画の作成と内容の取扱い　2

　探究の質を高めるためには、その過程において、協働的な学習を行うことや、体験したことや収集した情報を言語により整理・分析した

り、まとめ・表現したりすることが必要になってきます。

　そして、探究の過程の学習活動の場面において、学習者が自らの意思で場面や状況に合わせて、適切な「考えるための技法」を選択したり、適用したり、組み合わせたりして活用できるようになることが大切です。

　「考えるための技法」とは、考える際に必要になる情報の処理方法を、「比較する」、「分類する」、「関連付ける」のように具体化し、思考を可視化するための思考ツールです。様々な場面で「考えるための技法」を意識的に、具体的に使えるようにすることを目指す必要があります。

　学習者は、学習場面や日常生活において様々に思考を巡らせています。課題解決を考える過程で、対象を分析的に捉えたり、複数の対象の関係について考えたりしています。しかし、学習者は自分がどのような方法で考えているのか、頭の中で情報をどのように整理しているのか、ということを、必ずしも自覚していないことが多いといわれています。

　そこで、教師は課題解決をする過程において、学習者に「考えるための技法」を意識的に活用させることによって、学習者の思考を手助けするとともに、別の課題解決が必要になった場面で「考えるための技法」をすぐに活用できるように習得させておくことが重要です。

　それにより、学習者は別の場面でも「考えるための技法」を適切に選択し活用することで、課題解決が可能になります。実社会や実生活における課題解決の際にも活用できるようになり、それが未知の状況にも対応できる思考力、判断力、表現力等の育成につながると考えられます。

Ⅲ - 2　「考えるための技法」の意義

　特に、「考えるための技法」の意義としては二つが考えられます。

① 探究の過程のうち、整理・分析の過程、まとめ・表現の過程において、思考力、判断力、表現力等を育てるときに必要となります。情報の整理・分析においては、集まった情報をどのように処理するかという工夫が必要になりますが、「考えるための技法」は、こうした整理、分析、工夫を助けるために有効です

② 協働的な学習の質を高め、それを充実させることができます。「考えるための技法」を使って多様な意見や考え方がでてきたときに、それを整理、分析したものを黒板や紙などに書くことによって可視化することができ、その結果、学習者間で共有して考えることができるようになります

Ⅲ - 3 「考えるための技法」の例

各教科・科目等の目標や内容の中に含まれている思考・判断・表現に係る「考えるための技法」につながるものを分析し、概ね中学校段階において活用できると考えられるものを例として整理し、示されています。

順序付ける

- 複数の対象について、ある視点や条件に沿って対象を並び替える
- 比較する
- 複数の対象について、ある視点から共通点や相違点を明らかにする
- 分類する
- 複数の対象について、ある視点から共通点のあるもの同士をまとめる

関連付ける

- 複数の対象がどのような関係にあるかを見付ける
- ある対象に関係するものを見付けて増やしていく

多面的に見る・多角的に見る
- 対象のもつ複数の性質に着目したり、対象を異なる複数の角度から捉えたりする

理由付ける（原因や根拠を見付ける）
- 対象の理由や原因、根拠を見付けたり予想したりする
- 見通す（結果を予想する）
- 見通しを立てる。物事の結果を予想する

具体化する（個別化する、分解する）
- 対象に関する上位概念・規則に当てはまる具体例を挙げたり、対象を構成する下位概念や要素に分けたりする

抽象化する（一般化する、統合する）
- 対象に関する上位概念や法則を挙げたり、複数の対象を一つにまとめたりする

構造化する
- 考えを構造的（網構造・層構造など）に整理する

　探究の様々な場面において、「考えるための技法」が自在に活用できるところまで高めることが重要です。

　「考えるための技法」により思考が深まると、学習者はその技法を意識的に用いることで効果的に思考することができるようになっていきます。特に、比較したり分類したりする際に、どのような性質等に着目するかという、視点の設定が一つのポイントになります。

　最初は、学習者自身ではポイントとなる視点をつかみにくい場合もあるので、その場合、教師が視点の例を示すなど、学習者を支援することにより、徐々に学習者自身が試行錯誤しながら、自ら視点設定ができるようになることを目指しましょう。

　このように、学習者が自在に視点を設定し、多角的にものごとを比較・分析しながら考えることができるようになるということは、総合

的な探究の時間が、各教科・科目等の見方・考え方を総合的・統合的に活用するための授業であることと深く関わっているからです。

　例えば、教師ができる指導法としては、「考えるための技法」を紙の上などで可視化することで、道具のように意図的に使えるような場面設定や、学習者の思考を助けるためにあらかじめワークシートの形で用意しておくなど、学習者がインプットした様々な情報を、頭の中で再構成して、それをアウトプットするような学習活動の場面を意図的に作り出していくことも必要なことになります。

Ⅲ-4 「考えるための技法」で思考を可視化して使うことの意義

　「考えるための技法」を用いて思考を可視化するということは、言語活動の一つの形態であり、言語活動の様々な工夫とあわせて効果的に活用することができます。

　一人一人の学習者の思考の過程を可視化することにより、その場で教師が助言を行ったり、学習者自身が単元の終わりに探究の過程を振り返ったりすることに活用することができます。ただしこうしたツールを活用すること自体が目的化しないことも重要です。

　「考えるための技法」を使うことを学習者に促すことは、学習の援助になる一方で、授業が書く作業を行うことに終始してしまったり、学習者の自由な発想を妨げるものになってしまったりすることもあります。活用の目的を意識しなければ、かえってねらいを達成できないことも考えられます。学習の過程において、どのような意図で、どのように使用するかを計画的に考える必要があります。

　可視化することのメリットとしては下のようなものが考えられます。

- 生徒の思考を助ける（抽象的な情報を扱うことが苦手な生徒にとっては、それを書き出すことで思考がしやすくなる）

- 協働的な学習、対話的な学習がしやすくなる（紙などで可視化することにより、複数の生徒で情報の整理・分析を協働して行いやすくなる）
- 学習の振り返りや指導の改善に活用できる

IV 「考えるための技法」で整理・分析するときのフレームワーク（例）

IV-1　問題点を整理する　（例）ロジックツリー[(4)]

(1) ロジックツリーとは

　ロジックツリーは情報の階層を整理して全体像をつかむときに有効です。物事を分解して考えていくことで「全体」と「部分」を網羅的に整理するフレームワークです。

　最初に設定した問題を、いくつもの要素に分解していきます。ロジックツリーでは、[右に向かう] ほど、[情報が具体的に分解] され、[左に向かう] ほど、要約されています。

　問題の場所を設定する [What ツリー] や [Where ツリー] 解決を模索する [How ツリー] など、用いる疑問詞の種類によって、ツリーの用途分類することができます。

(2)　ロジックツリー ［Why ツリー］ のやり方

① 問題を設定する
　ロジックツリーの頂点となる問題を設定します。起きている問題や事象をありのまま記載してください
② 主な原因を書き出す

設定した問題に対して［Why なぜ？］と問いかけ、主な原因と考える要素を書き出します。最初の階層では細かく考えすぎないようにし、大枠で見てどの種類の原因があるのか大きな分類を把握することがポイントです

③ **原因を細分化する**

②で書き出した原因に対して、さらに［Why なぜ？］を問いかけ、各原因を細分化して掘り下げていきます。以降、必要に応じてWhy の問いかけを繰り返します

④ **ツリーを整理する**

情報を出し切ったら各要素の繋がりが論理的であるかどうか上位概念、下位概念の関係に間違いないかなどをチェックします。上位と下位が逆になっていたり、同じ階層で話の大きさがバラバラになっていたりしなかなどの注意が必要です

下は［ロジックツリー］のフレームです。

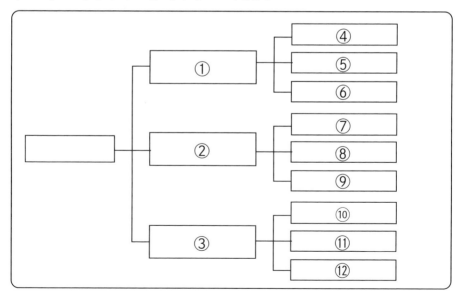

Ⅳ-2　強みと弱みを把握する　（例）SWOT 分析 [5]

(1)　SWOT 分析とは

　SWOT 分析は、対象を取り巻く周辺環境を分析し、強みや弱みを把握するフレームワークです。

　例えば、「うまくいっているところ⇔課題」と「内部環境⇔外部環境」など、二つの軸で構成されるマトリックスを作成し「強み（Strength）」「弱み（Weaknesses）」「機会（Opportunities）」「脅威（Threats）」の4象限について分析を行います。内部環境とは、ヒト・モノ・カネといった資源のほか、経験値やデータベースなどの要素も考えられます。一方、外部環境とは、世の中の動きや業界の動向、ニュースといった取り巻く外部の持つ要素です。内部と外部そしてプラス面とマイナス面の両方に目を向けられることがこのフレームワークの魅力です。

(2) SWOT 分析のやり方

---

① **対象を決める**
　SWOT 分析を行う対象を決めます

② **情報を洗い出す**
　「強み」「弱み」「機会」「脅威」に当てはまる要素を思い付くだけ書き出します。このとき、付箋やホワイトボードを利用するなどして、後で整理できるようにしておくとよいでしょう

③ **整理する**
　書き出した内容を整理し、欠けている部分は補います。このとき、重複している要素や重要度の低い要素は省くこともあります。ポイントになるのは「好影響または悪影響」の振り分けです。書き出し

た要素が対象にとってプラスなのかマイナスなのかは設定する基準によって変わります

④ **内容を磨く**

他者からの客観的なフィードバックをもらって、内容を磨きます。なお SWOT 分析は対象と対象以外のものを対象として分析し、比較することでより精度の高い分析を行うことができます

下は［SWOT］分析のフレームです。

	うまくいっているところ	課題
内部環境		
外部環境		

Ⅳ - 3 課題の優先度を可視化しマッピング (例) 緊急度 / 重要度マトリクス ⁽⁶⁾

(1) 緊急度／重要度マトリクスとは

緊急度 / 重要度マトリクスは、物事の優先順位を緊急度と優先度という2つの評価項目で整理し、検討・選定していくためのフレームワークです。経営レベルの課題から個人が抱える日々の課題まであらゆる現場で活用されるフレームワークとなっています。緊急度と重要度マトリクスを用いて全体像を可視化したら、課題の優先順位を決めることはもちろんですが、何に対してどれくらいの資源を割くかというバランスを考えることも重要です。

(2) 緊急度 / 重要度マトリクスのやり方

---

① 課題をマトリックス上に配置する

課題をマトリクス状に配置します。「緊急」「重要」の定義や基準などを設定しておくことが有効に活用するためのポイントになります。特に、複数人で活用する場合は事前にすり合わせておく必要があります。また、あらかじめ付箋などに課題を書き出しておくと全体像が早く把握しやすくなります

② 優先順位を検討する

マトリックスを整理できたら、優先順位を考えます。緊急度と重要度の高さ（低さ）を参考にしながら検討しましょう

下は［緊急度／重要度マトリクス］のフレームです。

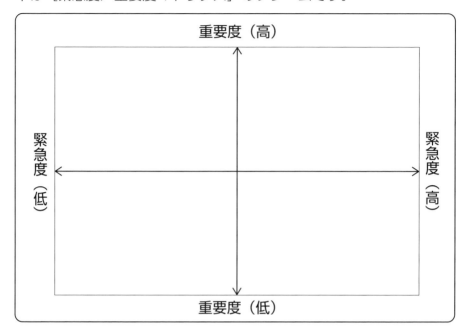

Ⅳ - 4 自分で変えられるものを知る　（例）コントロール可能／不可能 [7]

（1）コントロール可能／不可能とは

　コントロール可能／不可能とは、自分たちの努力で解決できる問題と、自分たちではどうにもできない問題とを切り分けて考えるためのフレームワークです。

　コントロール不可能なものとは、社会的な動きに支配される要因が絡んでいたり、他者の意思決定に高い割合で依存したりするものです。内部的な要因や自分の行動や思考が原因の問題は、自分たちでコントロールが利きやすく解決できる可能性が高くなります。

　コントロール不可能な問題は無視して良いわけではありませんが、

どう頑張っても変えられないものを議論したところで、時間がいくら
あっても足りません。コントロールの可否で問題を分類することで、
時間を有効に活用できるようになります。

(2)　コントロール可能 / 不可能のやり方

① **問題を書き出す**

思い浮かぶ問題や、感じている困ったこと、などを書き出します。

数人で行う場合には、付箋1枚につき、1つずつ問題を書いてい

きます

② **分類する**

①で書き出した問題がコントロール可能か不可能かを分類します。

この段階では、問題を挙げた人の判断でしても構いません

③ **内容を深掘りする**

分類できたら対話をしながら深堀していきます

(i)　可能・不可能の分類は正しいのか

(ii)　可能に分類した問題の中で特に気になるものはどれか

(iii)　解決するためにはどうすれば良いか

(iv)　コントロール不可能で自分で打開できそうな発想がないか

　これまでの認識を超えるような発想が生まれると意義がでてきま
す。これらの切り口を参考にしながら自分で考えることで、問題に対
する多面的な理解を深めることができます。

下は［コントロール可能／不可能］のフレームです。

コントロール可能	コントロール不可能

【引用・参考文献】

(1) 文部科学省 . 高等学校学習指導要領（平成 30 年）解説総合的な探究の時間編 . 学校図書 .2018,
   p.17-18,p.49-52,p.126-127 参照
(2) 文部科学省 . 高等学校学習指導要領（平成 30 年）解説総合的な探究の時間編 . 学校図書 .2018,
   p17-18, p.49-52,p.126-127 参照
(3) 文部科学省 . 高等学校学習指導要領（平成 30 年）解説総合的な探究の時間編 . 学校図書
   2018,p.95-98 参照
(4) 株式会社アンド . ビジネスフレームワーク図鑑 . 翔泳社 .2018. p.30-31 参照
(5) 株式会社アンド . ビジネスフレームワーク図鑑 . 翔泳社 .2018.p.50-51 参照
(6) 株式会社アンド . ビジネスフレームワーク図鑑 . 翔泳社 .2018.p.36-37 参照
(7) 株式会社アンド . ビジネスフレームワーク図鑑 . 翔泳社 .2018.p.26-27 参照

第7章

まとめ・表現

Ⅰ まとめ・表現について

Ⅰ-1 まとめ・表現とは [1]

　「まとめ・表現」は、情報の「整理・分析」を行った後、それを他者に伝えたり、自分の考えとしてまとめたりする学習活動のことです。そのことにより、学習者の既存の経験や知識と、学習活動により整理・分析された情報とがつながることで、深い学びとなります。

　まとめたり、他者に考えを伝えたりする（インプットしたものを再構成してアウトプットする）ことで、学習者自身の意見や考えが明らかになったり、課題がより一層鮮明になり、課題が更新されたり、新たな課題が生まれたりしてきます。このことにより、「まとめ・表現」の過程が質的に高まっていくと考えられます。

　「まとめ・表現」では、言語により、まとめたり表現したりする学習活動が行われます。たとえば、分析したことを論文やレポートに書き表したり、口頭で報告したりすることなどが考えられます。

　論文やレポートにまとめることは、それまでの学習活動を振り返り、自分の考えとして整理することにつながります。特に、高校においては、論文やレポートでまとめたり表現したりすることは論理的な思考力を高めるうえでも有効な学習活動になります。

　また、ポスター形式でまとめ、それについてディスカッションしたり、写真やグラフ、図などを使ったプレゼンテーションとして口頭発表のような形式で表現したりすることなども考えられます。

　このとき、相手を意識して、目的を明確にして伝えたいことを論理的に表現することを心がけることにより、自分の考えがより確かなものになっていくはずです。

I - 2 「まとめ・表現」の過程で学習者や教師が 配慮したいこと [(2)]

① **相手意識や目的意識を明確にしてまとめたり表現したりする**

誰に伝え、何のためにまとめるのかによって、まとめや表現の手法は変わります。それにより、学習者の思考の方向性も変わります

② **まとめたり表現したりすることの意義を考える**

まとめ・表現は、情報を再構成し、自分の考えや新たな課題を自覚することにつながります

③ **伝えるための具体的な手順や作法を適切に身に付ける**

例えば、論文やレポートなどは、研究テーマのもと、「目的」「方法」「実験や調査の結果」「考察」「参考文献」などの項目を設けて論理的にまとめていきますので、その手順や作法を身に付ける必要があります

④ **目的に応じて適切な手法等を選択して使えるようにする**

例えば、論文やレポート、活動報告書、ポスター、プレゼンテーションソフトなどの手法を使って、探究活動によって分かったことや考えたことを、ホームルームの友達や保護者、地域の人々などに分かりやすく伝える、といったことです。「まとめ・表現」について、誰を対象に、どこで、どのくらいの時間をかけられるか、などにより、使うものや手法等が異なります

⑤ **各教科・科目等で獲得した表現方法を積極的に活用する**

各教科・科目等では、文章表現、図表やグラフ、絵画や音楽等の表現方法を獲得します。それら、あるいはそれらを組み合わせることによる、総合表現等の方法を積極的に活用します

⑥ **情報機器や情報通信ネットワークを積極的に活用する**

何のために情報をまとめたり表現したりしているのか、誰に対してどのような情報発信を行うことを目指して情報をまとめようと

しているのか等、課題の解決や探究活動の目的を学習者自らが意識しながら、まとめ・表現を進めていくことが大切です

⑦ **発表者となる学習者は発表の仕方を工夫する**

発表者となる学習者が要点を絞って伝えるための図や表の活用、視聴覚機器やプレゼンテーションソフトウェアなどをツールとして利用することなどが考えられます。また、発表者の態度等の発表の仕方についての工夫も重要になります

⑧ **発表を聞いている学習者は主体的な関わり方を工夫する**

発表内容を深め、問題点を気付かせる「よい質問」をしたり、発表者の学習成果を改善させるような適切なアドバイスをしたり、発表者の学習成果を自分の考えと比較して活かしたり、主体的な関わり方を工夫することを目標にします

⑨ **教師は発表・報告の場を設ける**

発表や報告の場を設けることにより、全体でどのように学んできたか、それによって何が分かったかを共有する場面づくりが大切です。参加者全員の前で行うプレゼンテーションや目の前の相手に個別に行うポスターセッションなど、多様な形式を目的に応じて設定することが考えられます。報告会や発表会を探究の過程に適切に位置付けることが大切なことです

⑩ **教師は発表・報告会の後の時間を確保する**

発表後の時間を十分確保しておくことで、その後交流が生まれたり、自己評価や他者評価を行ったりすることができます。そのことにより、時間をおかずに発表者自身で振り返る機会ができ、新たな追究に向かうこともできます。このような言語を利用した協働的な学習によって、個人やグループごとに異なる学習活動の成果を共有したり、相互に関係付けたりすることを効果的に行うことができます

＊教科・科目等とは教科・科目、特別活動、総合的な探究の時間のこと

Ⅱ まとめ・表現の実践例

　「まとめ・表現」は、探究の過程において、収集した情報を整理・分析して、それを基に行います。「まとめ・表現」で行うことは、他者に伝えたり、自分の考えとしてまとめたりすることであり、そのことにより、学習者の既存の経験や知識と、整理・分析された情報とがつながり、深い学びを行うことができます。ここでは、整理・分析したことを論文やレポートに書き表したり、口頭で報告したりするときのやり方の例を示します。

Ⅱ-1　論文の書き方

(1) 探究における論文

　探究における論文とは、実生活や実社会に目を向けた時に湧き上がってくる疑問や関心に基づいて、自ら課題を見付け、そこにある具体的な課題について情報を収集し、その情報を整理・分析したり、知識や技能に結び付けたり、考えを出し合ったりしながら課題の解決に取り組み、その結果明らかになった考えや意見などをまとめた文章のことです。

　あらかじめ課題が設定されているレポートとは異なり、論文の場合は、課題の設定を学習者自身が行ないます。論文のテーマは、筆者の実生活や実社会に目を向けた時に湧き上がってくる関心・疑問・主張に沿って設定します。そのテーマを学習者の創意工夫で解きほぐし、読み手に対して何らかの考えや意見などを説得力ある形で提供するのが論文です。その成果には、学習者の独自性が発揮されている必要が

あります。

　探究における論文の場合には、必ずしも斬新な理論展開や画期的な成果が要求されているわけではありません。たとえ用いた文献や資料、あるいは導き出された結論が目新しいものでなかったとしてもよいのです。大切なのは、課題の設定から整理・分析、まとめ・表現にいたるまで、自分で課題意識をもち、情報を収集・整理・分析し、自分なりの結論を得るという学習活動を行うことです。

(2) 論文の構成 ⁽³⁾

① **要約**
論文全体の内容を要約する部分。論文の概要がわかるように、簡潔にまとめる必要がある

② **序論**
論文全体の研究テーマである「問いかけ」を発する部分。論文のテーマ（課題）は何か、これまでになされた研究との関連で、その課題設定はいかなる意義をもつのかを明らかにする。章の見出しは「序」「はじめに」などと表される

③ **本論**
序論で提示された探究の課題を受けて、論理的あるいは実証的に展開する部分。本論はいくつかの章で構成される。章は論文の進行にしたがって配列し、各章の見出しがその内容を的確に表すようにする。各章がそれぞれに明確な論点を持ち、前後の章が明快な論理的つながりを持つように配慮する。一つの章に節や番号、記号をつけた小見出しで区分するのもよい。必要があれば、図や表も使ってわかりやすく書くようにする

④ **結論**

探究の結果を述べる部分。「おわりに」「結び」などと表される。結論は、序論の問いに答える部分であるため、序論と結論は対応していなければならない。また、探究の結果とともに、未解決の問題を課題として整理し、記しておくことが望ましい

(3) 序論（はじめに）と結論（おわりに）の書き方[4]

〈序論（はじめに）のポイントとフォーマット〉

　序論では、研究テーマ（探究課題）を取り巻く現状を示すとともに、先行研究や過去の取組において解明されたり解決されたこと、あるいはまだ解明されていなかったり未解決なことを明らかにします。したがって、先行研究を綿密に調べることとそれを誠実に引用することが大切です。

　そして、問い（仮説）を立てることによって、研究（探究）の目的を明確にします。問いについては、学習者がもっている知識や経験だけからでは生まれないこともあります。そこで、教師の指導などを含め、実社会や実生活と実際に関わりをもつ中で、過去と比べて現在に問題があること、他の場所と比べてこの場所には問題があること、自己の常識に照らして違和感があることなどを発見します。それが問題意識となり、自己との関わりの中で課題につながっていきます。課題は，解決を目指して学習するためのものであり、その意味で課題は、解決への具体的な見通しをもてるものである必要があります。

　序論の執筆は、最初に書いたらそれで終わりということではなく、問題と目的などを何度も考え、書き直しアウトラインをある程度つくります。それができれば書き進めることができます。また本論の執筆途中や、結論を書き上げてからも、全体像を眺め、何度も序論に立ち戻り、結論との整合性を確認調整して完成度を高めていきます。

序論については次の 6 つの要素によって構成されます。また、下に、序論（はじめに）のフォーマットを示しました。文脈に応じて、適宜、表現を変えて、ブランクを埋めることで自分の考えを整理することができます。特に、このフォーマットは、序論（はじめに）をどのように組み立てていったらよいのかわからないときや自分の研究（探究）の進め方を整理するときには有効です。

　なお、下の〈序論（はじめに）の構成要素〉①〜⑥は、フォーマットの①〜⑥に対応しています。

〈序論（はじめに）の構成要素〉

　① 研究テーマ（探究課題）の提案

　② 先行研究・事例の紹介

　③ 先行研究・事例の批判的検討（問題点の指摘）

　④ 問い（仮説）を立てる

　⑤ 研究（探究）目的

　⑥ 研究方法（課題の設定）

上の構成要素に沿って、下のフォーマットを埋めてみましょう。

＊（　）には人名が、下線部には事例・問い（仮説）・研究目的・研究方法などが入ります

① 近年＿＿＿＿＿＿＿＿＿＿＿＿＿＿＿が問題となっている。
② （　　　　　）(2021 年)によって、＿＿＿＿＿＿＿が明らかとなった。また、（　　　　　）は、＿＿＿＿＿＿＿＿＿＿と述べている。一方、（　　　　　）は、＿＿＿＿＿＿＿＿＿＿を指摘している。
③ しかし、＿＿＿＿＿＿＿＿＿＿については明らかに されていない。
④ なぜ、＿＿＿＿＿＿＿＿＿は、＿＿＿＿＿＿＿＿＿（だろうか。）を検討する必要があるのではないか。
⑤ そこで、本研究では、＿＿＿＿＿＿＿＿＿＿＿＿を明

らかにすることを目的とした。

⑥　まず、＿＿＿＿＿＿＿＿＿を＿＿＿＿＿＿＿することによって、
　　次に＿＿＿＿＿＿＿＿、さらに＿＿＿＿＿＿＿＿＿＿を
　　検討する。

（4）結論（おわりに）のポイントとフォーマット

　まず論文の論理の流れについて説明します。はじめに、序論で、テーマとする領域の現状を、先行研究を引用しつつ広く捉えます。さらに、何が問題となっているか、論点を絞り込み、目的を明確にするとともに、課題の設定を行います。次に、本論では絞り込んだ論点を議論します。

　そして、最後の結論では、自分の研究はテーマとする領域の研究（探究課題）のどこに位置付けられるのか、視野を広げて捉えます。自分の研究（探究）の位置付けを決めるには、自分の研究（探究）を正確に評価する必要があります。この研究（探究）で何が分かったか、その意義を明示してください。そして、自分の研究（探究）の成果についてはしっかりアピールしましょう。それとともに、今回の研究（探究）で何が出来なかったか、その限界を示す必要があります。さらに結論では、自分の研究（探究）を発展させていくために、今後どのようなところが問題であり、課題があるかを示します。

　なお、結論の最後のところで注意しなければならないのは、一気に飛躍した解釈をしないことです。特に研究成果（探究の結果）を現実の問題に適用して解釈する場合は慎重さが必要になります。

　以上説明したように、結論は次の4つの要素で構成されます。

〈結論（終わりに）の構成要素〉

　①　どのような研究（探究）行動をとったかの確認

　②　結論の提示

③ 研究（探究）の評価

　（i）研究（探究）したことでどのような成果をえることができたか。

　（ii）今回の研究（探究）ではどんなことができなかったか

④ 今後の課題

　下のフォーマットの①～④は、〈結論（終わりに）の構成要素〉①～④に対応しています。構成要素に沿って、下のフォーマットを埋めてみましょう。

＊下線部には事例・問い（仮説）・研究目的・研究方法などが入ります

① 以上、本研究（探究）では＿＿＿＿＿＿＿＿＿＿＿＿について検討を行った。

② その結果、＿＿＿＿＿＿＿＿＿＿＿＿＿＿が明らかとなった。

③ 本研究（探究）の意義（成果）は、③-（i）＿＿＿＿＿＿＿＿＿にある。一方、本研究の限界は、③-（ii）＿＿＿＿＿＿＿＿＿＿＿にある。

④ 今後の課題は＿＿＿＿＿＿＿＿＿＿＿＿である。

（＿＿＿＿＿＿＿＿＿＿＿に関しては今後の課題とする。）＊

（今後は、＿＿＿＿＿＿＿＿について検討していきたい。）＊ ＊他の表現例

(5)　「参考文献の書き方」[(5)] の例

　論文の参考文献の書き方は様々です。以下は「SIST（科学技術情報流通技術基準）」に準拠した参考文献の書き方です。参考文献を書くときの参考にしてください。

　なお、各学校で参考文献の書き方について指示がある場合は、それにしたがって書くようにしてください。ただし、同じ論文の中では、一つの記載形式（スタイル）で統一しましょう。

① 全体を利用した場合

> 著者名．書名．巻次．訳者名．版表示，出版地，出版者，出版年，総ページ数，
> （シリーズ名，シリーズ番号）．

- i)　版表示で「初版・第 1 版」は記載不要
- ii)　図書の出版地、総ページ数は、記載されないことも多い
- iii)　著者が複数の場合は、最初の 1 名のみを記載し、ほか（et al.）
  で省略してもよい

〈記載例〉

> i)　小笠原喜康．大学生のためのレポート・論文術．新版，東京，講談
>   社，2009，p. 221
> ii)（講談社現代新書、2021）．
> iii）近藤裕子ほか．失敗から学ぶ大学生のレポート作成法，東京，ひつ
>   じ 書房，2019，129p.
>   Atkins, P .W. ; De Paula, Julio. 物理化学要論．千原秀昭，稲葉
>   章訳．第 5 版，東京，
>   東京化学同人，2012, p.572

② 特定のページあるいは特定の 1 章・1 論文を利用した場合

> 著者名．"章の見出し or 論文名"．書名．編者名．版表示，出版地，出版者，
> 出版年，はじめのページ－おわりのページ，（シリーズ名，シリーズ番号）．

〈記載例〉

> i)　福田アジオ．現代日本の民俗学：ポスト柳田の五〇年，吉川弘文
>   館，2014,p.172-181.
> ii)　感覚・知覚・感性"．心理学．和田万紀編．第 2 版，東京，弘文堂、
>   2014,p.51-77,（Next 教科書シリーズ）．

③ 辞書・事典の1項目

著者名．"項目名"．書名，巻次．編者名．版表示，出版地，出版者，出版年，はじめのページ－おわりのページ，（シリーズ名，シリーズ番号）．

〈記載例〉

i）伊藤佑子．"ダウン症の妊婦血液診断の臨床研究"．現代用語の基礎知識 2013．自由国民社，2013，p. 783-784．

④ 雑誌論文

著者名．論文名．誌名．出版年，巻数，号数，はじめのページ－おわりのページ．

〈巻・号を完全記述した例〉

ii）藤井寛行．2020年オリンピック・パラリンピックを見据えた東京のまちづくり．新都市．2013, vol. 67, no. 12, p. 61-69．

〈例1)の巻・号を簡略記述した例〉

iv）藤井寛行．2020年オリンピック・パラリンピックを見据えた東京のまちづくり．新都市．2013, 67(12), p. 61-69．

＊「巻数」、「号数」は、どちらか一方のみしか持たない雑誌も多い

⑤ 新聞記事

著者名．記事タイトル．新聞名．発行年月日，朝夕刊，版，該当ページ．

〈記載例〉

i）貝戸清之．（私の視点）インフラ老朽化 膨大な点検データ生かせ．朝日新聞．2014-03-01, 朝刊，p. 15．

ii）再生医療、特許５年長く、最長２５年に、政府、実用化を後押し．日本経済新聞．2014-02-13, 朝刊，p. 1．

＊ 紙の新聞あるいは紙をベースにした新聞記事データベースを参照することが望ましい

⑥ 新聞記事（データベース・新聞社のサイトの記事）

朝日新聞の電子速報版サイト「朝日新聞デジタル」の記事

奥村信幸 . 政治とメディアの「金属疲労」テレビ討論に限界 . 朝日新聞 . 2019-07-11, 朝日新聞デジタル , https://webronza.asahi.com/ politics/articles/20190702000005.html, (参　照 2020-01- 28) .

* 朝日新聞デジタルの記事には、朝・夕刊の別、ページや面の記載はない

⑦ Web ページの場合

著者名 . "ウェブページの題名" . ウェブサイトの名称 . 更新日付 . 入手 先、（入手日付）.

〈記載例〉

i) 農林水産省食料産業局新事業創出課 . "農林水産省品種登録ホーム ページ" . 農林水産省 .http://www.hinshu2.maff.go.jp/、（参照 2020-01-28) .

ii) 慶應義塾大学日吉メディアセンター . "情報の生産と流通" . KITIE. http://project.lib.keio.ac.jp/kitie/classify/info-cycles/01. html,（参照 2020-01-28）.

Ⅲ　プレゼンテーション

Ⅲ - 1　プレゼンテーションとは [(6)]

　プレゼンテーションとは、スピーチを主体とした一対多のコミュニケーションのことです。プレゼンテーションでは、論文やレポートとは異なり、口頭で発表を行うことにより主張を直接聴衆に伝えることができるとともに、必要に応じてその場で発表者と聴衆を交えた質疑

や討論を行うことができます。このことからもわかるようにプレゼンテーションとはまさにコミュニケーションです。

　発表者から聴衆への一方向的な発表と考えずに、発表者と聴衆の双方向にとって有意義なコミュニケーションの場であると考えるべきです。プレゼンテーションの後に、質疑応答の時間が設けられていることも、資料を丁寧に作成し読み手が理解しやすいように工夫されていることも、建設的な議論をするための準備であることに留意する必要があります。そのためには発表者から聴衆への単なる情報伝達だけでなく情報交換の機会として有効なものにするために様々な工夫をすることが必要になります。

　プレゼンテーションでは、自分の考えに興味を持ってもらうきっかけになるような、伝えたいことを正しく伝える表現方法が重要になってきます。そして、その補助手段としてプレゼンテーション資料があります。プレゼンテーション資料には、例えばプロジェクターで投影するスライドやポスターセッションのポスター、聴衆に配る紙媒体の資料など様々なものがあります。

Ⅲ - 2 プレゼンテーションの種類と目的 [(6)]

　次頁の表はプレゼンテーションの種類と目的、具体例を整理したものです。実際のプレゼンテーションでは、いずれの型にもぴったり当てはまるというものは少なく、ひとつの型を中心にして複数の型を合わせて含んでいます。

種類	主な目的	具体例
情報提示型 プレゼンテーション	情報・知識を伝える	自己紹介、ゼミの発表、報告、講義
説明型 プレゼンテーション	意見を提示し説明する	卒論発表、学会発表、企画立案
説得型 プレゼンテーション	意見を同意・納得させて行動を促す	議論での意見発言、演説
講演型 プレゼンテーション	話して聞かせる	入学式や卒業式の講話、朝礼、訓話

Ⅲ - 3 プレゼンテーションの要素 (6)

　プレゼンテーションは次に示すいくつかの要素から成り立っています。それぞれの要素を意識しながら、準備を進めることによって、分かりやすいプレゼンテーションが可能となります。

① **アイデアの構想**
　　頭の中で知識を整理・分類し、自分自身がまずよく理解することです。基本的に、頭の中の知識や情報は整理されずに雑然としています。したがって、そのまま聞き手に提示しても何も伝わりません

② **アウトライン**
　　どのような順番で話せば、うまく伝わるかを考えながら、スライドを並べていきましょう。アイデアを時間内にすべて話すことが困難な時には、内容を取捨選択して、重要な部分だけを提示しましょう。
　　序論 (主題と動機や背景) →本論→結論 (今後の課題や展望)

③ **スピーチ**
　　i) スピーチの言語的表現
　　　原稿を見ないことが原則です。アウトラインだけを用意して、即興的にスピーチする。原稿を手元におかないようにしましょう

ii) スピーチの非言語的表現

スピーチを説得力のあるものにするためには、原稿を見ずに、聴衆に向けて語りかける必要があります。視線やジェスチャーも大切です

④ **ドキュメント（配布資料・スライド）**

配付資料やスライドには様式があるのでそれを踏まえましょう

⑤ **道具**

プレゼンテーションソフトで作成したスライドを使ってスクリーンに投影するデジタル・プレゼンテーションが普通になっています。また、プレゼンテーションの際に使用する道具の取り扱い方を身に付けましょう

⑥ **時間管理（短時間に多くの情報を詰め込んでも理解できなければ失敗）**

プレゼンテーションでは与えられた時間を必ず守ることが重要です。発表時間をオーバーすると次の発表者の発表時間に影響を及ぼし、多くの人に迷惑をかけることになりますので、注意が必要です

Ⅲ - 4 アウトラインについて [7]

最初に考えることは誰を対象にしたプレゼンテーションなのかを決めることです。また、自分がどんなところでプレゼンテーションするのかについても改めて確認することです。例えば、授業で研究レポートを発表するのか、探究の中間発表や最終発表なのか、学校紹介の一環としてのプレゼンテーションなのか、あるいは学会での発表なのかそれをまず確認しましょう。

参加者の知識やニーズのレベルに合わせて発表内容を調べていくことが必要です。プレゼンテーションで重要なのは聴衆との関係です。なぜなら、論文であれば「こんな簡単なことは知っている」と読む行

為を放棄することも「難しくてわからない」と思って何度も読み返すこともできます。読む行為では、圧倒的に読者に主導権があります。しかし、プレゼンテーションは聞き手よりも話し手に大きな主導権が与えられています。聞き手は分からないからといって音声を巻き戻して、もう一度聴き直すことはできません。そのため話し手の責任として、聞き手にわかりやすいように話さなければならないということになります。

　アウトラインをつくるときには、大切なことは、話し手の責任として聞き手が分かりやすいようにつくることです。

　頭の中での結論までの思考の軌跡を考えたとき、はじめに現象や事実から仮説を形成し、その仮説に対し予言を設定し、それを検証し正しいことを導き出すとの流れになります。しかしこれはあくまで頭の中での思考であり、この時行った思考の軌跡をそのままプレゼンテーションにしてしまうと実は聴衆は話を聞いても分からなくなってしまう可能性があります。したがって、これを整理し洗練した形にしなければなりません。

　プレゼンテーションの型は大きく分けると二つあります。一つはトップダウン型で、もう一つはボトムアップ型です。トップダウン型は最初に結論を提示し、その後にその結論を裏付ける事実を展開していき、最後にもう1度結論で締めくくります。一方ボトムアップ型は、まず事例を提示し、そこから結論を導き出し、検証するものです。トップダウン型にしてもボトムアップ型にしてもそれぞれメリットとデメリットがあります。

　トップダウン型のメリットは、結論がまず述べられているので、結論が一目瞭然ゴールは極めてはっきりしていることです。デメリットは、何の前触れもなく結論が述べられているので唐突感があります。ボトムアップ型のメリットは、事例を出してそこから仮説を形成するので結論

に至る思考の流れを追体験でき、比較的理解しやすいことです。デメリットは、結論が最後までわからないので、どんな道筋でどんな結論なのかわからないモヤモヤ感が最後までつきまとうことになることです。トップダウン型とボトムアップ型がありますが、一般的にはボトムアップ型でアウトラインをつくっていく場合が多いです。

　ここではアウトラインをボトムアップ型で考えていきます。

　「はじめに」では、自己紹介など導入的なことを手短に話します。ここで問題提起に至った経緯などを話すこともあります。次に、「問い」とその「問い」から導き出せる「結論」を提示します。その後に「本論」に入っていきます。本論に入ったら最初にプレゼンテーションの構成を述べるのもよいかもしれません。今回のプレゼンテーションの地図、あるいはロードマップを示すことになります。その後で「先行研究」について触れます。先行研究について言及する際は、学習者の「問い」がこれまでの研究の延長上にあるのか、先行研究に対して異議を唱え、新たなアプローチを提示するのかを明示することで、学習者の研究がその研究分野に対して、どのように学問的に位置づけられるのかを明らかにすることになります。

　先行研究を論じた後で、本論の核心部分になっていきます。ここでは「仮説」を立てて「論証」していくことになります。一連の論証によって、「問い」取りに対する「結論」が正しいことを論じ終えた後で、もう一度「結論」を繰り返します。当たり前ですが、最初に立てた「問い」とセットで提示した「結論」と同じ内容になっていないといけません。次頁の図は、アウトラインの流れを図式化したものです。

　なお、探究は本来、探究の過程を発展的に回し続けることや、行きつ戻りつすることで、資質・能力を身に付けることが目標なのですが、高校の場合は、学習状況を評価（総括的評価）するために、発表会を開いたり、論文を提出させたりして、それで探究は終わり、という傾

向が強いような気がします。

　発表の日や論文提出日までに無理やり課題を解決？させて、それを

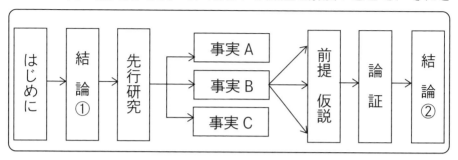

もって探究を終わりにしてしまうのではなく、学習者のまとめ・表現
はその時点のものなので、もし探究が不十分で、課題が未解決である
ならば、今後の探究学習として、不十分だと感じるところを追究する
ために、さらに探究を続けて行って欲しいと思います。

Ⅲ-5　スライドについて (8)

　どのようなスライドがよいスライドなのでしょうか。それを考える
前に、よいプレゼンテーションとはどういうものかについて考えてみ
ましょう。はじめにプレゼンテーションの目的は何かというと、発表
しようとしている内容を聴衆にうまく伝えることです。この時に補助
手段として視覚に訴えるものがスライドになります。

　プレゼンテーションを行う際の発表内容とスライドの関係について
は、発表内容が主であり、スライドが従という関係でなければなりま
せん。したがって、悪いプレゼンテーションとは、スライドが主となっ
てしまい、発表内容が従になっているプレゼンテーションのことを指
します。

　スライドは視覚的効果が大きい媒体です。つまり、その視覚的効果
をうまく生かせない、例えば文字ばかりのスライドですと、かえって

分かりにくいプレゼンテーションになってしまいます。

　つまり、見させるスライドではなく、読ませるスライドになってしまうと、視覚的な効果は十分に発揮できなくなります。読ませるスライドになってしまうと、発表内容の理解を助ける補助資料としては不適切な悪いスライドになってしまいます。その結果としてプレゼンテーション自体も悪いものになってしまいます。

　また、重要な情報、伝えたい情報は、スライドの上側に配置するとよいでしょう。なぜならば、発表会場の環境によっては、スライド画面の下側が見えなくなることがあるからです。ポスターの場合も同様ですので、一番下は見えないこともあるので、下側に重要な情報を配置しないことが大切です。

　さらに、グラフや図が重要な場合も、配置するときにできるだけ、上側に配置するとよいでしょう。グラフなど大きな図の場合、視線の動きを考え左に配置します。まず図を見てもらってから、文字を見てもらう配置です。

Ⅲ - 6 スライドのアジェンダ（目次）について [(8)]

　資料が何もない口頭のみでの発表では、聞き手は発表内容を理解することが難しい場合が多いです。そこで理解の助けとなるのが補助資料であり、こうした補助資料の一つがスライドです。ここではスライドによる発表資料の作成を考えてみます。

　スライドのアジェンダを作成してみましょう。アジェンダとは骨子、発表議題項目あるいは目次のことを指します。つまり、アジェンダとは発表の大まかな流れのことであり、プレゼンテーション全体の設計図になります。このアジェンダがアウトラインに相当するものですが、アウトライン同様しっかりした流れが頭に入っていれば、筋道がきち

んと通ったスライドを作成することができます。このアジェンダに沿ってスライドを作成していけば論が脱線し迷走していくことはありません。また、プレゼンテーションの際にもこのアジェンダを提示すれば、聴衆にとっても、理解の一助となることでしょう。

　なお、一般的に、アジェンダは冒頭で「目次」や「本日の発表の流れ」という題名のスライドで提示されます。

　プレゼンテーションのスライド作成と発表内容を考えるときに留意することは、発表時間を考慮して計画を立てることです。口頭発表では、多くの場合、発表者に与えられる時間は決まっています。例えば、発表時間と質疑応答の時間で合わせて何分といった具合です。学校の発表会

例1〈基本のアジェンダ〉
序論：研究の概要
1. 問題の背景と研究の目的(問いの設定)
2. 研究の動機
3. 先行研究・現状の整理、体系化
4. 自身の研究の立ち位置の明確化（新規性、独創性、優位性）
本論：研究の方法
1. 提示した目的に対して提案する手法
2. 手法の詳細説明
3. 結果・評価
4. 競合手法との客観評価
5. 考察
結論：まとめ
1. 残された課題
2. 今後の展望
3. まとめ

例2〈5分間のアジェンダ〉
序論：研究の概要
1. 問題の背景と研究の目的（問いの設定）
4. 自身の研究の立ち位置の明確化(新規性、独自性、優位性)
本論：研究の方法
1. 提示した目的に対して提案する手法
3. 結果・評価
結論：まとめ

でのプレゼンテーションの場合、長くても15分の発表で質疑応答に5分といったものが多いのではないでしょうか。ですからまずは、発表時間をあらかじめ把握しておかなければなりません。決められた時間内に収まるようにアジェンダをアレンジする必要が出てきます。

　発表時間としては5分、10分、15分と比較的短いこともあれば、30分から1時間、発表時間を与えられる場合もあります。発表時間が少ないのに、スライドの量が膨大になれば持ち時間内で説明しきれ

ることは不可能でしょう。反対に発表時間が多いのに、スライドの資料が概略的で少な過ぎると、時間を持て余します。どの情報を盛り込み、どの情報をそぎ落とすかは、与えられた発表時間を目安に指針を決めていきましょう。

例3〈10分間のアジェンダ〉
序論：研究の概要
　1. 問題の背景と研究の目的（問いの設定）
　3. 先行研究・現状の整理、体系化
　4. 自身の研究の立ち位置の明確化（新規性、独創性、優位性）
本論：研究の方法
　1. 提示した目的に対して提案する手法
　2. 手法の詳細説明
　3. 結果・評価
　4. 競合手法との客観評価
　5. 考察
結論：まとめ
　1. 残された課題
　3. まとめ

　発表時間が5分の場合は、序論、本論、結論に2分ずつ割り当てることもできません。ですから思い切って、切り捨てることを考えましょう。発表時間10分の場合は、どうでしょうか、発表時間が5分より時間的な余裕はあります。したがって、5分の時には時間の余裕がないので、本当は触れたかったのに触れたかった項目に時間を割くことができます。

　ただ、もともと10分であるという前提でアジェンダを考えるのではなく、絶対に触れなくてはいけない5分のプレゼンテーションの内容に追加で5分加えるという感覚を持つことが大切です。こうすることで不必要な説明が紛れ込むことを未然にすることができます。

Ⅲ - 7 スピーチで自分を印象づける [9]

　スピーチをしている自分を印象づけるときには、「言語的印象づけ」と「非言語的印象づけ」があります。これを意識しながら、スピーチするとよいでしょう。

【図7-Ⅲ-1】非言語的表現のポイント

(1) 言語的表現

① 自分のパーソナリティを何かのエピソードと関連付ける

② 自己完結の発信をしない。相手に質問の余地を与える

③ 軽い失敗談や笑い話など相手に共感されるような話をする

これらを念頭に自分の話を組み立てましょう。

(2) 非言語的表現

① 抑揚や声の大小など聴覚的な要素

② 視線、ジェスチャー、姿勢、服装、表情などの視覚的な要素

いずれにおいても自分の発言姿勢を客観的に見ることが要求されます。

Ⅲ - 8 スピーチ力を鍛える〈演習〉

自己紹介の1分間スピーチをグループごとにやってみてください。

① はじめに全員が2分以内に右頁の例のように、「私を示すキーワード」の吹き出しに自分をよく表しているキーワードを記入してください。

② 真ん中にある雲形の図に自分が呼ばれているニックネームなどを記入してください。

③ 完成したらグループ内で発表する順番を決めて順番に自己紹介を1分間行ってください。

④ 非言語的表現のポイントを自己紹介する中で試してみてください。

【図7-Ⅲ-2】1分間自己紹介スピーチのためのワークシート

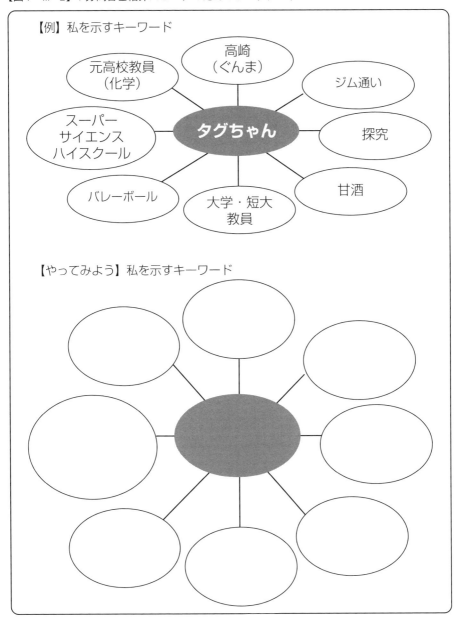

Ⅲ - 9 ポスター発表 [(10)]

　プレゼンテーションを行うときには、口頭発表とポスター発表があります。記述する内容については、ほぼ同じです。ポスター発表は、口頭発表に比べて、聞き手の数が少ないだけに発表する学習者の精神的なハードルを下げることができます。また、ポスター発表は、手軽に行うことができ、ポスター発表をする人数を増やせば、多くの学習者に発表の機会（アウトプットする場面）を作り出

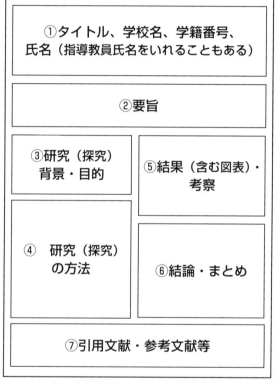

【図7-Ⅲ-3】ポスターレイアウトの例（2021 田口作成）

①タイトル、学校名、学籍番号、氏名（指導教員氏名をいれることもある）

②要旨

③研究（探究）背景・目的

⑤結果（含む図表）・考察

④　研究（探究）の方法

⑥結論・まとめ

⑦引用文献・参考文献等

すことができます。ポスター発表の場合には会話形式で説明したり、質疑応答など意見交換したりする中で、発表する学習者は、理解を深めることができます。ポスターに入れる内容、構成レイアウト、文字のサイズ・フォント等については、以下の通りです。

（1）入れる内容について

　ポスターの上部には、①タイトル、学校名、学籍番号、氏名、（学校によっては指導教員氏名）などを記載します。例えば、タテ180cm

×ヨコ 90cm のパネルに合わせてポスターをつくるなら、上部 20cm 程度にそのスペースを設けます。

　ポスターには、②要旨、③研究（探究）背景・目的、④研究（探究）の方法、⑤結果 (含む図表)・考察、⑥結論・まとめ、⑦引用文献・参考文献等、を入れます。

　文字数が多くなってしまうと、読み手は出だしの時点で興味を失う可能性があるため、できるだけ端的にまとめるようにします。最低限の文字数でポスターを作り、詳細については発表原稿としてまとめておきましょう。

（2）レイアウトについて

　ポスターのレイアウトには、表題と数枚のパワーポイントを張るだけのスライドを配置する場合と 1 枚の大きな紙に入れる内容を配置しデザインする大型ポスターの場合があります。

　スライドを配置する場合は、発表内容を何枚かのスライドにまとめます。大型ポスターの場合は、スライドを配置する場合よりもデザインの自由度が高く、見栄えのするポスターに仕上げられます。

　ただし、自由度が高い分、統一感がなくなったりかえって見づらくなったりと難易度が高い側面もあります。

　どちらのレイアウトの場合でも、左から右、上から下のように視線の導線を意識することが大切です。まとまりのある見た目にするためには、格子を意識して内容ごとにブロック分けをするといいでしょう。このとき、周囲に 3cm 程度、ブロック間には 5cm 程度の余白をとると見やすくなります。

(3) 文字のサイズとフォント、色について

　ポスターは、文字のサイズやフォント、色といったデザインも重要です。タイトル、見出し、本文、図表の文字、脚注などの構成要素はそれぞれ文字サイズを統一します。一般的には、タイトルは 70 ～ 90 ポイント、見出しは 60 ～ 70 ポイント、本文は 32 ～ 40 ポイント程度が目安です。図表内の文字や脚注は本文よりも小さいサイズにしましょう。

　なお、予定している印刷サイズより縮小したサイズで作成する場合には、縮小率を考えて設定する必要があります。

　色については、カラフルにしすぎないように注意しましょう。色を多用するよりも、基本は黒、見出しは青、強調したいところは赤など、色を統一した方が読みやすいポスターになります。また、フォントもポスターの読みやすさに関係します。日本語はゴシック体又は明朝体、英文はゴシック体のフォントが読みやすいでしょう。

(4) ポスターのデザインについて

　分かりやすいポスターを作るには、余白、統一、グループ化の３つがポイントになります。はじめに、スライドや図の周囲には適度な余白をとるようにします。なぜならば、文章を枠で囲う場合や図を貼り付ける場合、端まで詰めてしまうと非常に読みにくくなるからです。

　なお、見出しのサイズや色、書き出しの位置、図表のサイズなどは揃えましょう。少しでもずれていると違和感や読みにくさにつながってしまいます。おさまりの悪いイラストや図表は四角の枠で囲うのもおすすめです。

　また、よりよいポスターにするには、グループ化を意識することです。たとえば、関連する写真は文章の横に配置する、色分けして一目で分かるようにする、長めの文章には改行して余白を入れるといった方法が挙げられます。

　ポスターは一目で全体を見渡せるだけに、レイアウトやデザインが読みやすさに大きく影響します。これらのポイントを押さえ分かりやすいポスターを作りましょう。

【引用・参考文献】

(1)　文部科学省 . 高等学校学習指導要領（平成 30 年）解説総合的な探究の時間編 . 学校図書 .2019,p.127 参照

(2)　文部科学省 . 高等学校学習指導要領（平成 30 年）解説総合的な探究の時間編 . 学校図書 .2019,p.128 参照

(3)　関西大学商学部 . 論文の書き方ガイド .p.4.　https://www.kansai-u.ac.jp/Fc_com/pdf/H27_kakikata.pdf　最終閲覧日 2021.6.26

(4)　井下千以子 . 思考を鍛えるレポート・論文作成法 . 慶應義塾大学出版会 ,2013, p .86-87, p .92-95, 参照
　　　文部科学省 . 高等学校学習指導要領（平成 30 年）解説総合的な探究の時間編 . 学校図書 .2019,p.17, 参照

(5)　慶應義塾大学日吉メディアセンター . 参考文献の書き方 .p.1-4　https://www.lib.keio.ac.jp/hiyoshi/files/services/seminar/10_sist022020.pdf 最終閲覧日 2021.6.26

(6)　中澤務ほか . 知のナヴィゲーター . くろしお出版 ,2007, p .99-104, 参照

(7)　直江健介ほか . プレゼンテーション入門 - 学生のためのプレゼン上達術 -. 慶應義塾大学出版会 ,2020, p .57-60, 参照

(8)　直江健介ほか . アカデミックスキルズ プレゼンテーション入門 学生のためのプレゼン上達術 . 慶應義塾大学出版会 ,2020, p .72-73, 参照

(9)　直江健介ほか . アカデミックスキルズ プレゼンテーション入門 学生のためのプレゼン上達術 . 慶應義塾大学出版会 ,2020, p .72-73, 参照

(10) 学会運営ジャーナル , 学会発表 (ポスターセッション) 用ポスターの作り方ガイド . 学会発表 (ポスターセッション) 用ポスターの作り方ガイド ¦ SOUBUN.COM 参照 最終閲覧日 .2021.6.26

探究
Q & A

POINT

Q1　なぜ総合的な探究の時間が始まるのですか

　今の社会は急激に変化していますが、今後は更に変化が進むと想定されています。まさしく、コロナ禍においては、今までのような連続的な社会の動きではなく、ニューノーマルといわれているように、昨年と同じではない非連続的な社会の動きになっています。

　知識や情報はどんどん更新され、先を見通すことが困難な社会となってきました。もちろん知識は今後も継続して必要ですが、複雑で予想困難な社会を生き抜くためにはそれ以外の資質・能力も必要となります。

　知識を習得することのみならず、知識を活用したり、探究したりする能力や、学びに向かう力や人間性などの情意や態度の非認知的な能力、あるいは課題を解決するために必要な能力や学び方が身に付く教育に転換しようというのが今回の教育改革の一番大きなところです。総合的な探究の時間が名称新たに始まるのもその教育改革の一環です。

Q2　総合的な探究の時間は今後さらに重視されるのはなぜですか

　グローバル化や技術革新などにより、複雑で変化の激しい不確実性の時代 (VUCA) に突入したといわれましたが、私たちは、新型コロナウイルスの世界全体への同時期の直撃により予想もしない影響を受けたことで VUCA の時代が加速しただけでなく、根本的な価値観や行動様式を一変せざるを得なくなりました。新型コロナウイルス感染症の感染拡大が続いている現在、社会の在り方そのものがこれまでとは「非連続」と言えるほど劇的に変わる状況が生じています。

　VUCA の時代を生き抜くためには、未知の状況にも対応できる資

質・能力である思考力・判断力・表現力等を、探究の過程を繰り返し経験することにより身に付けることです。

　探究が今後更に重視されるのは、探究の過程で身に付けられる課題発見や解決するためのやり方やそのときに必要になる資質・能力を獲得することが、社会を生き抜くためにはより求められるようになったからです。

Q3　総合的な探究の時間は今までの総合的な学習の時間とどこが違うのですか

　今回は、「平成 28 年答申」において指摘された「高等学校においては、小・中学校における総合的な学習の時間の取組の成果を生かしつつ、より探究的な活動を重視する視点から、位置付けを明確化し直すことが必要と考えられる」を踏まえて、探究の位置付けがより明確になりました。平成 10 年の創設より実施されてきた総合的な学習の時間と比べて、探究の過程が高度化することや、学習者が探究を自律的に行うことがより重視されることとなりました。

（1）探究の過程が高度化する

- 探究を行うときに、目的と解決方法に矛盾がない「整合性」
- 探究を行うときに、適切な資質・能力を活用する 「効果性」
- 焦点化し、深く掘り下げて探究する「鋭角性」
- 幅広い可能性を視野に入れながら探究する「広角性」

（2） 探究を行うとき、学習者が自律的に行っている

- その課題が自己にかかわりが深い課題である「自己課題」
- 探究の過程を見通しつつ自分の力で進めている「運用」
- 得られた知見を生かして社会に参画しようとする「社会参画」

　今までの総合的な学習の時間以上に、生徒が能動的に行うことや、課題発見から解決までの過程を発展的に繰り返すプロセス、行きつ戻りつするプロセスを経ることで、学習者自身がそのプロセスで育つ資質・能力を身に付けることが重視されています。

Q4　なぜ事前に探究のためのスキルを身に付けておくことが必要なのですか

　課題を発見し解決していくためのスキルを身に付けるためには、課題を発見し解決するために必要な一定のスキルが必要となります。つまり、「ニワトリとタマゴ」的な双方向的な関係があるということです。課題についての一定の知識や、探究の過程を経るためには、それを支える一定の知識やスキルが必要です。もし、それがなければ、課題をどう発見したらよいかわかりませんし、課題を解決するための方向付けもできません。探究を進めるには、探究の過程で身に付けるスキル以外に、「考えるための技法」をはじめとした言語能力や情報活用能力を持っていなければなりません。

　探究を進める中で、知識やスキルは探究の過程において活用することで、増大し、洗練されてくるでしょう。特に総合的な探究の時間は探究の過程を高度化するということが重視されています。

Q5　オーセンティックな学びと総合的な探究の時間の関係とは何ですか

　オーセンティックとは、本物の、真正のという意味です。学校からみて、オーセンティックといえば、「現実の社会の」ということになります。この現実の社会に存在する本物の実践（現実の社会で実際に行われている行為）を学校で行うことが、今回の学習指導要領の改訂の根底にある考え方であり、それが今日行われている教育改革の方向です。

　奈須（2016）は「現実の社会に存在する本物の実践に可能な限り近づけて学びをデザインする」ことの必要性を述べています[1]。

　社会で実際に行われている行為をデザインするためには、社会を意識しながら各教科・科目の学びを深めていくことが必要です。しかし、それだけでは十分ではありません。各教科・科目の学びを深めることは大切ですが、さらに、各教科・科目の本質的な部分を横断するような学びがどうしても必要になります。

　教科横断の視点を持った学びにおいては、日常生活や社会に目を向けさせながらそこに存在する問題を見いだし、そこから解決に向けての課題を設定することを体験させる過程が必要になります。そして、それこそが、現実の社会に存在する状況に近い中での実践となります。そして、この教科横断の視点を持って探究の過程を行きつ戻りつしながら発展的に繰り返す学びのための時間が、まさに総合的な探究の時間です。

(1)　奈須正裕 . 文部科学省、資質・能力を基盤とした学校教育の創造 https://www.mext.go.jp/b_menu/shingi/chukyo/chukyo2/011/siryou/__icsFiles/afieldfile/2016/07/28/1374769_3.pdf 2016 最終閲覧 2021.6.20

Q6　自分の専門分野でない課題についての質問にどう対処したらよいのですか

　総合的な探究の時間で育成したいのは、探究の見方・考え方を働かせ、横断的・総合的な学習を行うことを通して、自己の在り方生き方を考えながら、課題を発見し解決していくための資質・能力を身に付けることです。

　学習者が、問いを見いだしたり、課題についての一定の知識や、解決するためのスキルが足りなかったりする場合には、様々な体験の機会を設定したり、どうすればそれを補ったり、調べたりすることができるか等、その調べる方法、見つけ方を教えてあげればよいでしょう。

　また、協働性を育むためにグループワークを行う時には、どうすれば学習者が互いの能力を引き出せるのか、異なった意見をうまく活用できるのか、という視点で捉えたらよいということを学習者に教えてあげればよいでしょう。

　高校生であれば、小学校 3 年生から総合的な学習の時間を経験していますから、高校入学までに 7 年間、探究的な学習を経験しています。ですから、探究的な学習を全く経験してこなかった生徒はいません。

Q7　探究課題と課題の違いは何ですか

　探究課題とは、それぞれの学校が設定した目標の実現に向けて、学校として設定した、生徒が探究に取り組むときの学び（学習）の対象（ひと・もの・こと）のことです。

　例えば、情報、環境、福祉・健康などの現代的な諸課題に対応する横断的・総合的な課題、地域や学校の特色に応じた課題、生徒の興味・関心に基づく課題、職業や自己の進路に関する課題など、総合的な探

究の時間の目標を踏まえた課題。具体的には SDGs、STEAM 教育、地域社会の活性化や地域貢献などでしょうか。

　課題とは、学校が設定した探究課題を踏まえながら、日常生活や社会に目を向けた時に湧き上がって自分事になった問題を解決するために具体的に取り組むべきこと（施策、計画など）です。問いを見出すときには、疑問、関心、違和感、ギャップ等に基づいていることが多いです。

Q8　課題の設定は生徒に任せたままでよいのですか

　学習指導要領では、課題については、学習者自身で見いだし設定することが重視されていますが、教師が必要に応じて「なぜ？なぜ？」と問いかけたり突っ込みを入れたりすることで、学習者が振り返り、気づく、そのためのプロセスを作ってあげることは大切なことです。

　また、学習指導要領には「実社会や実生活と自己との関わりから問いを見いだし、自分で課題を立て」とありますが、すでに持っている学習者の知識や経験がたくさんあるわけでもないので、教師は、実社会や実生活と実際に関わることができる機会を意図的に設けることも必要になります。

　自分で課題を発見するプロセスは、学習者にとっては学習場面ですが、教師にとっては指導の場面です。まさに教師が力を発揮する場面であるということができます。

Q9　総合的な探究の時間の指導計画を立てるとはどういうことですか

　指導計画には、全体計画と年間指導計画があります。

全体計画については、それぞれの学校が、学校としてのこの時間の教育活動の基本的な在り方を示すものです。例えば、学校が定める目標、探究課題及びその解決を通して育成を目指す資質・能力で構成する内容をはじめ、学習活動、指導方法、指導体制、学習の評価等を計画に示すことが考えられます。

　一方、年間指導計画とは、全体計画を踏まえ、その目標の実現のために、どのような学習活動を、どのような時期に、どのように実施するか等、１年間の流れの中に配列したものです。

　個人的には、３年間の指導計画の初めの段階で、課題発見やそれを解決するために必要な知識やスキル、あるいは「考えるための技法」を、フレームワークを使いながら習得させ、その後習得したフレームワークを様々な形で活用しながら、実際に自分事の課題を発見させ、整理・分析やまとめ・表現をさせるという流れがよいのでは、と考えています。

Q10　主体的、協働的に学ぶとは何ですか

　学習者が社会に出たときに直面する様々な問題は、一人の力だけでは解決できないもの、多様な人々との協働により解決できるようになるもの、が多いのではないでしょうか。

　探究の学習活動においては、学習者が自分事となること、つまり問題を自分のこととして受け止め、それを解決するために自分の意志で取り組もうとする主体性を持つことが必要になってきます。

　自分に対して「なぜ？」という問いを繰り返すことが、自らの学習活動の振り返りになります。そのことが主体性を深めることにつながるのではないかと思います。

　協働について、学習指導要領の解説では「異なる個性をもつ者同士で問題の解決に向かうこと」としていますが、実は、協働は一人一人

が自分事になることで初めて成り立つものかと思います。

　学習者が、主体的、協働的に学習活動を行う姿勢を持つことは、粘り強く探究することにつながり、さらに、学習者の考えを深め、自らの学習に対する自信と自らの考えに対する確信をもたせることにもつながるはずです。

Q11　総合的な探究の時間の評価はどうしたらよいのですか

　総合的な探究（学習）の時間では、教科・科目と異なり、評定を行わず、活動や学習の過程、学習の状況や成果などについて、学習者のよい点、学習に対する意欲や態度、進歩の状況などを踏まえて評価することとしています。これらの評価結果については、指導要録には学習活動・観点・評価を記載します。

　また、学期ごとの通知表等では、学習活動に対しての評価結果を文章で通知するなどの例があります。総合的な探究（学習）の時間では、学習状況の結果だけではなく過程を評価することが求められています。学習の過程を評価するときには、観点別の学習状況の評価（ルーブリック評価のようなもの）などを使います。

　今まで高校では、ほぼ定期試験の結果をもって総括的な評価を行い、評定とする傾向がありました。学習指導要領では資質・能力の育成を目指しているので、特に、探究の過程について、学習者によいところをフィードバックすることで伸ばしてあげることが大切です。

【著者】田口哲男（たぐち・てつお）

共愛学園前橋国際大学短期大学部教授

群馬県立高等学校教諭・教頭、群馬県教育委員会高校教育課指導主事、高崎市教育委員会高等学校課長などを経て、高崎市立高崎経済大学附属高等学校長、群馬県立高等学校長などを歴任

共愛学園前橋国際大学、公立大学法人高崎経済大学兼任講師

専門は教科教育学（総合的学習、特別活動、道徳、理科、進路指導、生徒指導など）、教育学（教育の方法、学校教育など）

著書に『高校における学びと技法　探究で資質・能力を育てる』（一藝社、2019年、単著）『高校生に確かな学力をつける』（学事出版、2018年、単著）『高大連携と能力形成』（日本経済評論社、2013年、共著）『NOLTY スコラ 探究プログラム』（NOLTY プランナーズ、2019年、監修）など

編集協力・誌面レイアウト・DTP・作図・装丁／本田制作所

探究―理論と演習

2021 年 9 月 30 日　初版第 1 刷発行

著　者　田口 哲男

発行者　菊池 公男

発行所　株式会社一藝社

〒 160-0014 東京都新宿区内藤町 1-6
Tel.03-5312-8890　Fax.03-5312-8895
E-mail：info@ichigeisha.co.jp
http://www.ichigeisha.co.jp
振替　東京 00180-5-350802
印刷・製本　モリモト印刷株式会社